北京邮电大学校级教材改革项目(2017JC29)
北京邮电大学校级教学改革项目(2017JY59)

普通高校本科生身体运动功能训练教程

主编 董琦 吴迪 宋子昂

北京邮电大学出版社
www.buptpress.com

内 容 简 介

身体运动功能训练将复杂的神经学、解剖和生理学因素,用"功能动作筛察"的理念和方法为锻炼者运动表现的提升提供了一个评估底线和检查系统,并以此构建出人体动作姿势和动作模式训练体系。本书重点讲述了相关的基本概念、基本原理和基本训练方法。本书可作为我国普通高校本科生的通用教材,也可作为提升高职院校大学生和研究生运动素养的参考书。

图书在版编目(CIP)数据

普通高校本科生身体运动功能训练教程 / 董琦,吴迪,宋子昂主编. -- 北京:北京邮电大学出版社,2023.8 (2024.9重印)
ISBN 978-7-5635-7007-2

Ⅰ. ①普… Ⅱ. ①董… ②吴… ③宋… Ⅲ. ①大学生－运动训练－高等学校－教材 Ⅳ. ①G808.17

中国国家版本馆 CIP 数据核字(2023)第 158804 号

策划编辑:张向杰　　责任编辑:廖　娟　　责任校对:张会良　　封面设计:七星博纳

出版发行:北京邮电大学出版社
社　　　址:北京市海淀区西土城路 10 号
邮政编码:100876
发 行 部:电话:010-62282185　传真:010-62283578
E-mail:publish@bupt.edu.cn
经　　　销:各地新华书店
印　　　刷:河北虎彩印刷有限公司
开　　　本:787 mm×1 092 mm　1/16
印　　　张:9.5
字　　　数:231 千字
版　　　次:2023 年 8 月第 1 版
印　　　次:2024 年 9 月第 2 次印刷

ISBN 978-7-5635-7007-2　　　　　　　　　　　　　　　　　　　　　　　　　定价:38.00 元

·如有印装质量问题,请与北京邮电大学出版社发行部联系·

编 委 会

主　编
董　琦　　（北京邮电大学）
吴　迪　　（北京邮电大学）
宋子昂　　（北京邮电大学）

副主编
郝　磊　　（华东师范大学）
王结春　　（安徽师范大学）
李宗珍　　（淮南职业技术学院）

编　委
宋　健　　（华东师范大学）
刘　笑　　（蚌埠学院）
孟陈露　　（皖西学院）
汤嘉为　　（北京邮电大学）
陈子恒　　（安徽大学）
陆宗祥　　（安徽师范大学）
李　春　　（安徽师范大学）
吕光明　　（淮南师范学院）
周雪倩　　（安徽师范大学）
常皓东　　（福建师范大学）

前　言

《普通高校本科生身体运动功能训练教程》是专为我国高校本科生进行运动功能训练编写的教程。为了使高校本科生更好地理解身体运动功能训练的重要性，提高身体锻炼的效率，本教程在理论上深入浅出地阐述了功能锻炼的原理；在实践上，对身体不同部位的渐进性功能训练提供了具体指导，并为读者提供上肢、下肢、躯干等功能性训练的素材。

本教程把"FMS功能动作筛察"作为预测体系，通过一个可靠的"七步骤观察"和"三个排除性测试"，对基本动作模式、动作局限、动作不对称进行确认、分级和排序。本教程全面系统地讨论了人体核心部位、人体动作姿势和动作模式训练，让锻炼者深刻认识动作模式、人体姿势、动力链、纠正训练的重要性。本教程将前沿的科学知识和原理，以直观和简明的"突破行动流程"方式应用于大学生的身体锻炼中。

本教程内容源于身体锻炼实践，服务于身体锻炼实践，将"怎样操作"与"为什么这样操作"融为一体，理论与实践相结合，对在我国高校开展身体运动功能训练有重要指导意义。

来自北京邮电大学、华东师范大学、安徽师范大学等多所国内知名高校的教师和博士、硕士研究生团队参与了本教程的编写，在此一并表示衷心的感谢！

由于编者水平有限，书中难免存在不足和错误，恳请读者批评、指正。

编　者

目　　录

第一章　身体运动功能训练介绍 ………………………………………………… 1

第一节　身体运动功能训练起源与发展 ……………………………………… 1
第二节　身体运动功能训练的理念与科学基础 ……………………………… 1
第三节　大学生锻炼的价值 …………………………………………………… 2

第二章　功能性动作筛查与纠正策略 …………………………………………… 3

第一节　功能性动作筛查方法概述 …………………………………………… 3
　　一、深蹲 ……………………………………………………………………… 3
　　二、上踏步 …………………………………………………………………… 5
　　三、分腿蹲 …………………………………………………………………… 6
　　四、肩部灵活性检测 ………………………………………………………… 8
　　五、主动举腿 ………………………………………………………………… 9
　　六、脊柱稳定俯卧撑 ………………………………………………………… 10
　　七、旋转稳定性检测 ………………………………………………………… 11
第二节　功能性动作筛查异常矫正策略 ……………………………………… 13
　　一、FMS 等级分数说明与解析 ……………………………………………… 13
　　二、功能性动作筛查矫正策略 ……………………………………………… 13

第三章　大学生常见的不良体态矫正 …………………………………………… 22

第一节　不良体态矫正概述 …………………………………………………… 22
第二节　不良体态矫正示例 …………………………………………………… 22
　　一、骨盆前倾 ………………………………………………………………… 22

二、骨盆后倾 ··· 26

　　三、骨盆侧倾 ··· 31

　　四、长短腿 ··· 34

　　五、O形腿 ··· 37

　　六、X形腿 ··· 39

　　七、圆肩（含胸） ··· 42

　　八、驼背 ··· 44

　　九、头前伸 ··· 45

　　十、脊柱侧弯 ··· 47

第四章　神经-肌肉系统激活 ·· 50

第一节　神经系统激活 ·· 50

第二节　肌肉系统激活 ·· 52

　　一、站姿动作 ··· 52

　　二、卧姿动作 ··· 56

　　三、跪撑动作 ··· 57

第五章　拉伸 ·· 59

第一节　拉伸的作用与分类 ·· 59

　　一、拉伸的作用 ··· 59

　　二、拉伸的分类 ··· 59

第二节　拉伸的练习方法 ·· 60

　　一、静态拉伸 ··· 60

　　二、动态拉伸 ··· 68

第六章　动作模式 ·· 79

第一节　动作模式概述 ·· 79

第二节　上肢动作模式 ·· 80

第三节　下肢动作模式 ·· 85

一、基本姿势 ·· 85
　　二、下肢推动作模式 ·· 87
　　三、下肢拉动作模式 ·· 90

第七章　快速伸缩复合练习 ·· 92

第一节　快速伸缩复合练习概述 ·· 92
第二节　快速伸缩复合练习方法 ·· 93
　　一、上肢快速伸缩复合练习 ·· 93
　　二、下肢快速伸缩复合练习 ·· 97
　　三、躯干快速伸缩复合练习 ·· 102

第八章　躯干支柱力量 ·· 104

第一节　躯干支柱力量训练 ·· 104
　　一、躯干支柱训练的设计 ·· 104
　　二、肩部训练内容示例 ·· 105
　　三、脊柱训练内容示例 ·· 109
　　四、躯干支柱稳定性训练内容示例 ·· 110
　　五、髋部训练内容示例 ·· 116
第二节　旋转爆发力训练 ·· 119

第九章　动作技能 ·· 123

第一节　动作技能训练的分类 ·· 123
第二节　直线速度练习方法 ·· 124
　　一、直线速度练习 ·· 124
　　二、加速—抗阻技巧 ·· 126
　　三、加速—起跑技巧 ·· 127
　　四、绝对速度 ·· 129
　　五、绝对速度—跑步技巧 ·· 130
　　六、横向—切步 ·· 131

第三节　多方向移动练习方法……………………………………………………………132

第十章　恢复与再生………………………………………………………………………………134

　　第一节　肌肉的放松与软组织再生……………………………………………………………134
　　　　一、下肢肌肉放松……………………………………………………………………………134
　　　　二、躯干肌肉放松……………………………………………………………………………136
　　第二节　扳机点与淋巴系统按摩………………………………………………………………137
　　　　一、扳机点的概念……………………………………………………………………………137
　　　　二、脚底、下肢扳机点位置与按摩…………………………………………………………137
　　　　三、臀部扳机点位置与按摩…………………………………………………………………138
　　　　四、上肢和躯干扳机点位置与按摩…………………………………………………………139

参考文献……………………………………………………………………………………………140

第一章　身体运动功能训练介绍

第一节　身体运动功能训练起源与发展

功能训练的早期探索起源于美国的康复治疗领域。物理治疗师为了帮助受伤运动员尽快重返赛场,恢复原有竞技水平,同时避免其再次发生运动损伤,在伤者的康复过程中融合了一些身体姿态纠正和身体功能重建的动作练习。之后,这种功能训练向竞技体能训练渗透,并逐渐融合发展成为一个新的训练体系。

在职业体育市场化蓬勃发展和密集型赛制的大背景下,对职业球员伤病预防、康复、竞技状态保持及职业寿命延长的需求日益增加,功能训练得到迅速发展。经过众多学科专家和训练实践专家多年的探索,以及多学科的相互融合,使得功能训练有了全新的特征。功能训练被认为是根据人体功能情况及运动项目需求来重建动作模式而提升竞技能力的一种训练方法。

一些新的概念,如"动作模式""支柱力量""动力链""恢复与再生""纠正练习""功能动作筛查"等成为当前运动训练界耳熟能详的热词,各种功能训练方法也呈现出百花齐放的状态,并涉及大众健身、学校体育及军队训练等领域。

第二节　身体运动功能训练的理念与科学基础

在竞技训练领域,功能训练打破了以往一般训练和专项训练的范畴,其强调"像准备比赛那样准备训练",强调体能训练的针对性和实战性,强调训练控制下的多维性和动态性,强调与运动专项的结合和比赛中的有效输出。

在身体训练领域,功能训练强调动作是身体运动的基石,强调机体的系统化功能。通过功能性动作筛查,发现机体弱链,纠正机体的不对称、不平衡情况,围绕支柱力量、核心稳定、关节灵活性和稳定性的协调发展等要素来提升身体动力链传输效果;通过优化动作模式来使运动员的动作更加有效、实用和稳定。

功能训练的特征可分为两个层面:第一个层面是训练理念的特征,主要包括:强调训练的是动作而不是肌肉;强调要首先解决身体的不对称、不平衡、不协调的问题,恢复机体的"基本功能",动态姿势的调整和维持是所有训练的基础;强调构建正确的"动作模式"的精确性练习;强调多关节、多平面、多维度内身体姿态的参与和协调发展;强调在负荷与速度的变化过程中完成动作;注重动作的质量和效果,而不是动作的负荷和数量;注重机体的主动恢复和再生训练。第二个层面是训练方法和手段的特征,主要包括:强调主动肌与拮抗肌的均衡发展;强调脊柱的控制力、平衡性和稳定性;强调能量在动力链上的有序传递,注重多关节肌群的协调和均衡,使全身肌群一体化参与;强调动作控制下的动态平衡。功能训练提倡的是核心力量基础,自身力量先行,多种器材应用。

相对于传统的训练体系,功能训练是在其基础上的优化和进步,但并非完全否定或取代。第一,功能训练并不取代专项训练,而是为专项训练"打基础",通过改善机体的不对称和不平衡,提高整体训练质量;第二,在专项训练出现"瓶颈"时,通过身体功能训练系统性提升人体动作能力,有助于实现专项成绩的突破;第三,功能训练体系中的许多具体的动作模式都是围绕专项训练设计的动作,某种程度上是专项训练的实战准备阶段或专项体能训练的一种创新方法。功能训练绝不是全盘否定传统的训练方法,在力量发展和强化专项能力等多方面仍需要传统的训练方法。两者之间要紧密衔接,填补空缺。

作为一种多元化融合的训练体系,功能训练和当前身体训练的特征和发展趋势紧密相关,具有显著的时代性和先进性。功能训练是当前竞技体育发展新形势下运动训练模式的一次革新,其实效和先进性已在全球范围内得到实践证明。

第三节　大学生锻炼的价值

近年来,关于大学生体质健康状况的研究逐渐增多,现阶段大学生体质健康问题依然存在。国务院办公厅围绕学校体育运动的开展对于大学生身心健康的改善的问题下发了意见性、纲要性文件,全国各大院校将如何保障当代大学生体质健康发展的重大课题提上日程。

大学生进行身体功能训练首先可以深化高校体育教学改革,重塑体育课程模式;其次可以优化大学生的体测数据,提高体测通过率;最后能强化体育运动意识,进一步调节大学生的生活方式。当前,在高校体育教学活动中频频出现运动损伤等现象,使得部分大学生对体育锻炼产生抵触情绪。运动损伤的出现可能是由于动作模式不合理、不良身体姿态、肌力不平衡或者"代偿动作"等所导致。功能训练虽然在竞技体育领域已经发展成熟,但是在学校体育中尚未得到普及和发展,本教程以大学生群体为实施对象,根据大学生锻炼需求给出概要性的训练方案,以期对大学生的身体状态进行改善。

第二章 功能性动作筛查与纠正策略

功能性动作筛查(Functional Movement Screen,FMS)是通过7个基本动作检测人体运动的对称性、身体弱点以及局限性,对运动代偿进行跟踪测试,并通过相应的动作训练来解决身体的弱点和局限性,以减少锻炼者的运动损伤,改善身体运动功能。FMS具有操作简单、普适较强等特点。通过FMS可以筛查出锻炼者功能动作的相关问题,进而为矫正训练提供依据。

第一节 功能性动作筛查方法概述

一、深蹲

【测试目的】深蹲动作用以检测身体两侧的对称性和髋部、膝盖以及脚踝的灵活性。上举木杆可以检测锻炼者肩部的灵活性、对称性和胸椎的灵活性。

【动作说明】由站立姿势开始,双脚打开与肩同宽,双手于头上方握杆,屈肘90°,大臂和木杆与地面平行。双手抓木杆在头上方最大限度伸直手臂。锻炼者缓慢下蹲,在下蹲过程中足跟不可离地(如果无法实现,足跟踩于测试板上进行测试),抬头挺胸向前,木杆始终在头上方。尝试完成3次测试,记录得分。

【评分标准】3分:上身与胫骨平行或趋于与地面垂直;股骨低于身体水平线;膝与脚成一条直线;木杆在脚的正上方保持水平。如图2-1所示。

2分:不能完全满足以上条件,但仍能完成动作,或在足跟下加测试板能完成动作。如图2-2所示。

1分:躯干与胫骨不平行;股骨没有低于身体水平线;膝与脚不成一条直线;腰部明显弯曲。如图2-3所示。

0分:动作筛查出现疼痛。

【测试分析】深蹲需要闭链动作中踝关节、膝关节和髋关节的弯曲能力,胸椎的伸展能力以及肩关节的外展和屈曲能力。不能完成测试的原因可能有以下两点。

（1）肩关节和胸椎的灵活性较差导致躯干及肩部的灵活性受限；

（2）闭链动作中，脚踝和髋关节屈曲能力较差导致下肢的灵活性受限。

图 2-1　深蹲（3 分）

图 2-2　深蹲（2 分）

图 2-3　深蹲（1 分）

二、上踏步

【测试目的】上踏步可以检测髋、膝、踝的对称性、灵活性和稳定性，以及人体两侧对称性。

【动作说明】由双腿与肩同宽站立姿势开始,栏杆高度应在受测者的小腿胫骨粗隆处。木杆放于受测者颈后肩上,双脚平行站于栏架下,脚趾处于栏架正下方,受测者重心在支撑腿上,支撑腿不能弯曲,单腿跨过栏杆,腿伸直,脚后跟触地,然后回到起始姿势。每侧尝试完成3次测试,分别记录并比较两侧之间的差异。

【评分标准】3分:髋、膝、踝在矢状面上呈一条直线;腰部没有明显的移动;木杆与栏架保持平行。如图2-4所示。

图2-4 上踏步(3分)

2分:髋、膝、踝在矢状面上不呈一条直线;腰部有移动;木杆与栏架不平行。如图2-5所示。

图2-5 上踏步(2分)

1分：脚碰到栏板；身体失去平衡。如图2-6所示。

图2-6　上踏步（1分）

【测试分析】上踏步可以检测支撑腿踝关节、膝关节和髋关节的稳定性以及髋关节闭链动作中的伸展能力，检测单腿支撑状态下，开链动作中踝关节、膝关节和髋关节的伸展能力以及单腿站立的平衡能力。不能完成测试的原因可能有以下两点。

（1）支撑腿的稳定性较差，跨步腿的灵活性较差；

（2）当一条腿保持髋关节伸展状态时，另一条腿要最大限度地屈曲髋关节，这需要锻炼者的髋关节具备非对称灵活性。

三、分腿蹲

【测试目的】分腿蹲可以检测身体两侧的灵活性和稳定性，以及踝关节、膝关节的稳定性。

【动作说明】测试者首先测量受测者胫骨的长度。受测者将右脚放在测试板的后端，将木杆放在背后，右手在上抓住木杆上部，左手在下抓住木杆底部并始终保持其接触头、胸椎和骶骨。测试者在受测者右脚趾处测量其胫骨长度，并在测试板上标记出来。受测者左脚向前迈一步，将脚后跟放在记号处，而后缓慢下蹲，右腿膝盖碰触左脚后的测试板（前腿膝关节不可主动前倾）。在测试过程中，双脚必须在一条直线上，脚尖指向前方。每侧尝试完成3次测试，分别记录并比较两侧之间的差异。

【评分标准】3分：木杆仍保持与头、腰椎或骶骨接触；躯干没有明显移动；木杆和双脚仍处于同一矢状面；膝盖接触测试板。如图2-7所示。

2分：木杆不能保持与头、腰椎或骶骨接触；躯干有移动；两脚没有处于同一矢状面；膝盖不能接触测试板。如图2-8所示。

1分：身体失去平衡。如图2-9所示。

【测试分析】分腿蹲主要检测支撑腿踝关节、膝关节、髋关节的稳定性，后腿髋关节外展能力以及踝关节屈曲能力。在测试过程中，锻炼者要有良好的平衡能力。不能很好地完成测试的原因可能有以下四点。

(1) 双腿髋关节的灵活性较差；
(2) 在测试过程中,腿踝关节和膝关节的稳定性不足；
(3) 髋关节外展的能力较弱可能会导致身体的不平衡；
(4) 支撑腿的股直肌紧张程度较高。

图 2-7　分腿蹲(3 分)

图 2-8　分腿蹲(2 分)

图 2-9　分腿蹲(1 分)

四、肩部灵活性检测

【测试目的】肩部灵活性检测主要是筛查肩关节内收、内旋、外展以及外旋的能力与其两侧的对称性。

【动作说明】测试者首先测量受测者手腕最远端折线到中指指尖的距离,受测者双手始终握拳,大拇指在四指内,肩部最大限度地外展内旋在背后,一只手从颈后,另一只手从腰部相向靠近,测量受测者双拳之间的距离。每侧尝试完成3次测试,分别记录并比较两侧之间的差异。

【评分标准】3分:距离在一个手掌长以内。如图2-10所示。

2分:距离在一到一个半手掌长。如图2-11所示。

1分:距离超出一个半手掌长。如图2-12所示。

0分:动作筛查出现疼痛。

图2-10 肩部灵活检测(3分)　　图2-11 肩部灵活检测(2分)　　图2-12 肩部灵活检测(1分)

【伤病排查动作】手掌贴住身体(如图2-13所示),保持手掌位置,向上尽量高地抬起肘部,重复动作三次,换对侧手臂,体会动作完成过程中是否有疼痛。

图2-13　肩部灵活检测

【测试分析】肩部灵活性检测可以测试肩关节外展外旋、内收内旋的综合活动能力。不能完成测试的原因可能有以下三点。

(1) 为提高外展能力而降低了肩关节内收的能力；
(2) 胸小肌和背阔肌的过度发展或紧张容易使肩部向前或绕环时动作变形；
(3) 肩关节的灵活性较差可能引起肩部的功能障碍。

五、主动举腿

【测试目的】主动举腿检测主要是指当骨盆保持在固定位置时,筛查股后肌群和小腿肌群的柔韧性。

【动作说明】受测者呈仰卧姿势,手放在身体两侧,掌心向上,在受测者膝盖下放置测试板。测试者首先将横杆放于受测者髂前上棘到膝盖骨的中点,受测者直腿并勾脚尖,抬起右腿。在测试过程中,受测者异侧腿膝盖保持在杆上,双肩保持在垫子上。当受测者测试动作到最大限度时,穿过踝关节中点与地面做垂线,记录垂线在地面上的位置。每侧尝试完成3次测试,分别记录并比较两侧之间的差异。

【评分标准】3分:标记点位于大腿中点与髂前上棘间。如图2-14所示。

图2-14 主动举腿(3分)

2分:标记点位于大腿中点于膝关节中点间。如图2-15所示。

图2-15 主动举腿(2分)

1分:标记点在膝关节以下。如图 2-16 所示。

图 2-16 主动举腿(1分)

【测试分析】主动举腿测试可以筛查腘绳肌和小腿后侧肌群的柔韧性。不能完成测试的原因可能有以下两点。

(1)锻炼者的腘绳肌柔韧性较差;
(2)髋关节灵活性较差。

六、脊柱稳定俯卧撑

【测试目的】脊柱稳定俯卧撑检测是测试上肢在对称运动俯卧撑时,身体躯干在矢状面的稳定性。

【动作说明】受测者由俯卧位开始,双手打开与肩同宽放于每个标准的适当位置,膝盖充分伸直。受测者做一次标准要求的俯卧撑,要求身体整体被推起,没有塌腰,如果受测者不能很好地完成动作,可以降低难度继续尝试。每侧尝试完成 3 次测试,分别记录并比较两侧之间的差异。

【评分标准】3分:在规定姿势下能很好地完成动作 1 次。如图 2-17 所示。男锻炼者的拇指在前额发际线延长线上,女锻炼者的拇指在下颌延长线上。

图 2-17 脊柱稳定俯卧撑(3分)

2分:在降低难度的姿势下能完成动作 1 次。如图 2-18 所示。男锻炼者的拇指在下颌延长线上,女锻炼者的拇指在锁骨延长线上。

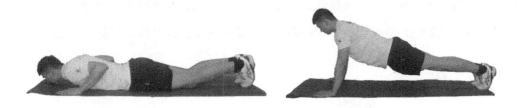

图 2-18　脊柱稳定俯卧撑(2 分)

1 分:在降低难度的姿势下也无法完成动作或者出现动作代偿。如图 2-19 所示。

图 2-19　脊柱稳定俯卧撑(1 分)

0 分:动作筛查出现疼痛。

【伤病排查动作】做完俯卧撑后,双手收至胸部两侧,撑起身体向后仰,检查动作过程中是否有疼痛。如图 2-20 所示。

图 2-20

【测试分析】脊柱稳定俯卧撑主要检测当上肢运动对称时,躯干在矢状面的对称稳定性。许多功能训练动作中的能量都需要稳定的躯干,如果上肢传递力量到下肢躯干时没有很好的稳定性,能量的动力传递就会减弱,从而使动作质量降低,同样也会产生微创伤。若不能很好地完成测试,其原因应该是躯干的对称稳定性较差。

七、旋转稳定性检测

【测试目的】旋转稳定性测试可以筛查躯干在上下肢共同运动时多维面的稳定性及其两侧的对称性。

【动作说明】受测者从跪撑姿势开始,肩髋关节与躯干成 90°,屈膝 90°,勾脚尖。手掌打开,大拇指、膝关节、脚尖触及测试板。受测者手臂向前伸展的同时腿向后伸展,肘关节碰触膝关节,然后回到起始姿态。每侧尝试 3 次测试,分别记录并比较两侧之间的差异。

【评分标准】3 分:锻炼者能够以同侧对角的形式正确完成动作。如图 2-21 所示。

图 2-21　旋转稳定性(3 分)

2 分:锻炼者能够以异侧对角的形式正确完成动作。如图 2-22 所示。

图 2-22　旋转稳定性(2 分)

1 分:失去平衡或者不能正确完成动作。如图 2-23 所示。

图 2-23　旋转稳定性(1 分)

0 分:动作筛查出现疼痛。

【伤病排查动作】臀部向后坐于脚后跟上,手臂保持在前。检查完成动作过程中是否有疼痛。如图 2-24 所示。

图 2-24　旋转稳定性(伤病排查动作)

【测试分析】检测非对称躯干上下肢在矢状面和垂直面运动时的稳定性和身体抗旋能力。

第二节 功能性动作筛查异常矫正策略

一、FMS 等级分数说明与解析

功能性动作筛查的得分等级是从 3 分到 0 分,具体说明如表 2-1 所示。

表 2-1 功能性动作筛查等级评分表

测试项目	初始得分		最后得分	测试目的
深蹲		3 2 1	3 2 1	检测身体两侧的对称性,可以检测髋部、膝盖以及脚踝的灵活性。头上举木杆可以检测身体两侧的对称性以及肩部和胸椎的灵活性和对称性
上踏步	左	3 2 1	3 2 1	检测髋、膝、踝的对称性、灵活性和稳定性以及人体两侧对称性
	右	3 2 1		
分腿蹲	左	3 2 1	3 2 1	检测身体两侧的灵活性和稳定性以及踝关节、膝关节的稳定性
	右	3 2 1		
肩部灵活性	左	3 2 1 0	3 2 1 0	检测肩关节内收、内旋、外展以及外旋的能力与其两侧的对称性
	右	3 2 1 0		
主动举腿	左	3 2 1	3 2 1	当骨盆保持在固定位置时,检测腘绳肌的主动收缩能力和小腿肌肉的柔韧性
	右	3 2 1		
脊柱稳定俯卧撑	左	3 2 1 0	3 2 1 0	检测上肢在对称运动俯卧撑时身体躯干在矢状面的稳定性
	右	3 2 1 0		
旋转稳定性	左	3 2 1	3 2 1 0	检测躯干在上下肢共同运动时多维面的稳定性及其两侧的对称性
	右	3 2 1		
总分				

在 FMS 中有六项是左右对称测试得分,以低分为单项测试的最终分数。

二、功能性动作筛查矫正策略

根据 7 个动作的测试结果,制订和执行矫正训练计划,不同测试动作及分数对应的训练内容不同。总体而言,训练内容分为三种类别,分别是软组织梳理、柔韧性练习和矫正训练动作,并针对不同的测试动作分别应用。如表 2-2 所示。

表 2-2 功能性动作筛查矫正策略

	软组织梳理	柔韧性练习	矫正训练动作
深蹲	臀大肌 腓肠肌 腰髋内收肌群 小腿三头肌	(1) 侧卧屈髋肌拉伸; (2) 仰卧抱膝腘绳肌牵拉; (3) 俯身手脚走; (4) 凳上压髋	(1) 深蹲(垫脚); (2) 髋关节外展; (3) 硬拉(单臂哑铃)

续表

	软组织梳理	柔韧性练习	矫正训练动作
上踏步	股四头肌 臀大肌	(1) 侧卧屈肌拉伸； (2) 步伸组合； (3) 仰卧抱膝绳肌牵拉； (4) 凳上压髋	(1) 直腿单腿背桥； (2) 仰卧跑； (3) 俯慢速登山步； (4) 手上举站立踏步； (5) 单腿站立稳定砍/举
分腿蹲	小腿三头肌 腓肠肌 臀大肌 股四头肌	(1) 单跪屈髋肌拉伸； (2) 仰卧抱膝腘绳肌牵拉； (3) 跨步-肌后群拉伸组合	(1) 单腿背桥举腿； (2) 分腿蹲旋体； (3) 单跪稳定砍/举； (4) 剪刀站稳定砍/举； (5) 持哑铃后跨（滑垫）
主动举腿	屈髋肌 腘绳肌 小腿三头肌	(1) 仰卧举腿—借力； (2) 仰卧屈绳肌牵拉； (3) 直腿体前屈； (4) 箭步—肌后群拉伸组合	(1) RDL—借力单腿； (2) 仰卧交替举腿（可上肢加阻）； (3) RDL—单腿壶铃； (4) RDL—单腿单臂壶铃（对侧）
肩部灵活性	胸大肌 上背肌	(1) 侧卧屈膝过顶转肩； (2) 治疗球—胸椎手臂交替屈； (3) 仰卧两臂贴地上举； (4) 跪地胸椎旋转	(1) 跪撑—静力对侧手脚撑； (2) 俯撑—静力对侧手脚撑； (3) 腹桥抬臂； (4) 直腿单腿背桥
脊柱稳定俯卧撑	屈髋肌腰		(1) 俯卧撑； (2) 腹桥抬臂； (3) 俯撑单侧手支撑； (4) 手脚走； (5) 俯卧撑肩胛激活
旋转稳定性	臀大肌腰	(1) 仰卧抱膝； (2) 仰卧屈膝腘绳肌牵拉	(1) 跪撑—静力对侧手脚撑； (2) 后抬腿； (3) RDL—单腿单臂哑铃； (4) 腹桥抬腿/抬臂； (5) 跪撑外摆髋

功能动作筛查的矫正练习要遵循两个步骤。第一，根据测试中 7 个动作测试的侧重点对其分类；第二，矫正练习遵循线性发展，即从灵活性到稳定性，再到对动作模式的重新训练。但是这种线性发展并不是孤立的，每一种测试动作都是灵活性、稳定性与动作模式的相互补充。

（一）矫正动作

1. 侧卧屈髋肌拉伸

【动作说明】侧卧，左手肘支撑，屈右膝，右手于身后抓住脚踝向后拉伸屈髋肌。如图 2-25

所示。在最大伸展处停留 30~60 秒,换边练习。

【练习要领】侧卧,保持身体姿势正中,顶髋向前。

图 2-25 侧卧屈髋肌拉伸

2. 仰卧抱膝腘绳肌牵拉

【动作说明】仰卧,屈双膝,左脚踝放于右膝盖边缘,双手抱住右膝,将左腿拉向胸前拉伸左腿。如图 2-26 所示。在最大伸展处停留 30~60 秒,换边练习。

【练习要领】右小腿尽量保持与身体平行。

图 2-26 仰卧抱膝腘绳肌牵拉

3. 凳上压髋

【动作说明】借用训练凳、跳箱等,屈左膝,大小腿置于训练凳上,缓慢下压。如图 2-27 所示。在最大伸展处停留 30~60 秒,换边练习。

【练习要领】右腿尽量伸直,使踝、膝、髋、肩尽量保持一条直线,左小腿尽量保持与髋平行。

图 2-27 凳上压髋

4. 单跪屈髋肌拉伸

【动作说明】前后分蹲,左腿膝盖不超过脚尖,保持身体竖直并向前伸展。如图 2-28 所示。在最大伸展处停留 30~60 秒,换边练习。

【练习要领】髋关节向前、向下。

图 2-28　单跪屈髋肌拉伸

5. 仰卧举腿—助力

【动作说明】仰卧,抬起左腿向上,借用牵拉绳,尽量将腿拉向身体。如图 2-29 所示。在最大伸展处停留 30~60 秒,换边练习。

【练习要领】保持身体正中位,牵拉腿勾脚尖。

图 2-29　仰卧举腿—助力

6. 仰卧两臂贴地伸展

【动作说明】仰卧于垫子上,双手打开屈肘向上,保持双手、臂和肩胛骨贴地,缓慢向上伸展,最大伸展后缓慢收回,完成规定次数。如图 2-30 所示。

【练习要领】在练习过程中,尽量保持双手臂和后背贴地。

注:这是初始动作位置,在练习过程中要完成屈肘贴着垫面做上举动作。

图 2-30　仰卧两臂贴地伸展

7. 仰卧抱膝

【动作说明】仰卧,双手环抱双膝,尽量将双腿拉向身体。如图 2-31 所示。在最大伸展处停留 30~60 秒。

【练习要领】在练习过程中,尽量保持头、颈、肩、腰贴地。

图 2-31　仰卧抱膝

8. 仰卧跑

【动作说明】仰卧，双腿模仿跑步的动作。如图 2-32 所示。

【练习要领】在练习过程中，双腿幅度尽量大，腰部始终贴住地面。

图 2-32　仰卧跑

9. 手上举站立上踏步

【动作说明】借用跨栏，膝盖抬高，双手上举（根据肩关节的灵活性调整动作，也可双手平举向前），身体保持稳定，抬起左脚向前跨过栏，足跟点地后缓慢收回，完成规定次数。如图 2-33 所示。

【练习要领】在练习过程中，身体保持中立位，髋关节不能失衡，可以选择较低的跨栏以降低难度。

图 2-33　手上举站立上踏步

10. 分腿站立稳定上拉

【动作说明】双脚前后站立，左脚在前，双手向下于身体左侧握住弹力带，双手向右上提拉，完成规定次数。如图 2-34 所示。

【练习要领】在练习过程中，身体保持稳定。

11. 分腿站立稳定砍/举

【动作说明】双脚前后站立，左脚在前，双臂屈肘于身体右上侧握住弹力带，双手拉线向右下，完成规定次数。如图 2-35 所示。

【练习要领】在练习过程中，身体保持稳定直立。

图 2-34　分腿站立稳定上拉

图 2-35　分腿站立稳定砍/举

12．分腿蹲转体

【动作说明】分腿蹲，右脚在前，双手抱于头后，向右旋转，使左肘靠向右腿；向左旋转，使右肘靠向左腿，完成规定次数。如图 2-36 所示。

【练习要领】在练习过程中，双腿保持稳定，身体以胸椎旋转为主。

图 2-36　分腿蹲转体

13．单跪稳定提拉

【动作说明】准备姿势：单跪于拉线练习器左侧，左腿在前，右臂伸直左臂屈肘。平拉弹力带向左上，左臂伸直，右臂屈肘；右手推拉弹力带向前上，左臂屈肘。如图 2-37 所示。按动作步骤反向返回准备姿势。

【练习要领】在练习过程中,身体保持中立位,双腿、躯干保持稳定。

图 2-37　单跪稳定提拉

14. 单跪稳定劈砍

【动作说明】准备姿势:单腿跪于拉线练习器左侧,左腿在前,双手握弹力带两端,左臂伸直,右臂屈肘。平拉弹力带向左下,左臂伸直,右臂屈肘;右手推拉弹力带向前下膝盖处,左臂屈肘。如图 2-38 所示。按动作步骤反向返回准备姿势。

【练习要领】在练习过程中,身体保持中立位,双腿、躯干保持稳定。

(1)　　　　　　　　　　(2)　　　　　　　　　　(3)

图 2-38　单跪稳定劈砍

15. 仰卧交替举腿

【动作说明】仰卧于垫子上,双腿伸直,双脚勾脚尖,向上交替抬腿。如图 2-39 所示。

【练习要领】在练习过程中,保持双腿尽量伸直,腰部贴地。

图 2-39　仰卧交替举腿

16. RDL—单腿壶铃

【动作说明】准备姿势：右手提壶铃，左腿支撑。单腿 RDL，屈髋向前，右腿勾脚尖抬起向上，右臂顺势向下。伸髋肌群发力，身体回到准备姿势。如图 2-40 所示。

【练习要领】保持右腿与躯干在同一平面上与地面平行，左腿可微屈膝。

图 2-40　RDL—单腿壶铃

17. 跪撑—静力对侧手脚撑

【动作说明】跪撑于垫子，保持身体稳定，伸展右手和左腿，并与躯干保持在同一平面上，缓慢收回手脚。如图 2-41 所示。完成规定次数，换边练习。

【练习要领】在练习过程中，身体稳定，保持躯干平直。

图 2-41　跪撑—静力对侧手脚撑

18. 俯撑—静力对侧手脚撑

【动作说明】俯撑于垫子，保持身体稳定，伸展右手和左腿，并与躯干保持在同一平面上，缓慢收回手脚。如图 2-42 所示。完成规定次数，换边练习。

【练习要领】在练习过程中，身体稳定，保持躯干平直。

图 2-42　俯撑—静力对侧手脚撑

19. 俯卧撑肩胛激活

【动作说明】俯撑于垫子，保持身体稳定，肩胛骨内收，向下回旋；然后肩胛骨放松，向上回旋。如图 2-43 所示。

【练习要领】在练习过程中,保持脊柱稳定,控制肩胛骨活动。

图 2-43　俯卧撑肩胛激活

20. 跪撑后抬腿

【动作说明】跪撑于垫子,保持身体稳定,向后伸展左腿与躯干保持在同一平面上,缓慢收回左腿。如图 2-44 所示。完成规定次数,换边练习。

【练习要领】在练习过程中,身体稳定,保持躯干平直。

图 2-44　跪撑后抬腿

21. 跪撑髋外摆

【动作说明】跪撑于垫子,左腿屈曲上提向外侧打开,尽量与躯干保持在同一平面,缓慢收回呈起始姿势。如图 2-45 所示。完成规定次数,换边练习。

【练习要领】在练习过程中,保持躯干稳定、竖直。

图 2-45　跪撑髋外摆

第三章　大学生常见的不良体态矫正

良好的身体姿态是青少年身体健康的保障,更是人体正常进行一切社会活动的前提。不良的身体姿态不仅会导致肢体长度不一、力量不均衡,形成错误的代偿性运动模式,引发肌肉和关节疼痛甚至病变,而且会影响其心理健康,容易产生自卑心理,最终发展为自闭、抑郁等疾病,带来一系列社会问题。

第一节　不良体态矫正概述

人体是由一系列的骨骼构成基本框架,由关节作为连接堆叠而成。当关节出现功能性问题或姿势偏离时,会出现其他关节为该关节发生的异常进行补偿的现象,我们称之为"链式反应"。正常的生物力学结构被破坏后,肌肉长度被改变,对抗肌出现不平衡,从而使关节压力增大,产生疼痛及增加运动损伤的风险。长期错误的习惯性体态被称为姿态不良。当前大学生常见的一系列不良姿态都是功能性问题。首先是身体姿态发生变化,继而影响其功能性,最终导致肌肉为适应姿态的偏离做出不良的改变,破坏了肌肉的平衡及合理的受力情况,造成部分肌肉过度紧张和缩短,相应的对抗肌会变弱和过度拉长,把压力集中在身体的某一点,造成关节不适、疼痛和稳定性下降。

在实践中,对于不良体态矫正,我们选择静力性的或慢速、可控的力量练习改变由不良姿态造成的非平衡力量。同时,通过拉伸和放松来舒展对抗肌,从而达到对不良姿态进行矫正的目的。

第二节　不良体态矫正示例

一、骨盆前倾

(一) 定义

骨盆前倾是髂前上棘在垂直面上比耻骨联合更靠前,较正确的骨盆位置向前倾斜一定角度的病态现象。外在表现出臀部后凸,小腹前凸,髋关节和大腿内旋,以及足弓塌陷。这一现象主要是由腹部和臀大肌无力,屈髋肌群和椎骨附近的肌肉过度紧张导致。

(二) 测试方法

平躺在地上,在腰部下方插入手指,如果腰部与地面的间隙超过3根手指,那基本就可以判定为骨盆前倾。

(三) 矫正训练示例

1. 髂腰肌拉伸

【动作要领】单侧跪姿,促使髂腰肌充分拉伸。如图 3-1 所示。

【训练安排】目标肌肉单次拉伸 15～20 秒,交替练习 3 次。

【注意事项】拉伸时保持均匀呼吸。

图 3-1　髂腰肌拉伸

2. 股四头肌拉伸

【动作要领】侧卧位手臂拉住脚背,促使股四头肌充分拉伸。如图 3-2 所示。

【训练安排】目标肌肉单次拉伸 15～20 秒,交替练习 3 次。

【注意事项】拉伸时保持均匀呼吸。

图 3-2　股四头肌拉伸

3. 背部肌群拉伸

【动作要领】单侧手臂固定住(固定物),身体向后侧促使背部肌群充分拉伸。如图 3-3 所示。

【训练安排】目标肌肉单次拉伸 15～20 秒,交替练习 3 次。

【注意事项】拉伸时保持均匀呼吸。

图 3-3　背部肌群拉伸

4. 竖脊肌拉伸

【动作要领】双手前伸跪趴在垫面上呈俯跪姿态,使背部肌群充分拉伸。

【训练安排】目标肌肉单次拉伸 15~20 秒,练习 3 次。

【注意事项】拉伸时保持均匀呼吸。

图 3-4 竖脊肌拉伸

5. 腰方肌拉伸

【动作要领】坐立于椅子上,双脚并拢,背部挺直。首先,右脚放在左腿上,右脚踝外侧放在左大腿膝盖上方的位置。保持右膝固定且无法向上抬。然后,右手放在左肩上,上半身小心地向左侧倾斜,拉伸 5~10 秒;继续向左倾斜直至肌肉出现轻微刺痛感。

【训练安排】目标肌肉单次拉伸 15~20 秒,交替练习 3 次。

【注意事项】拉伸时保持均匀呼吸。

图 3-5 腰方肌拉伸

6. 小腿三头前肌拉伸

【动作要领】脚掌踩在平面上,足弓和脚后跟悬空。放松小腿,让脚后跟顺势落下进行拉伸。

【训练安排】目标肌肉单次拉伸 15~20 秒,交替练习 3 次。

【注意事项】拉伸时保持均匀呼吸。

图 3-6 小腿三头肌拉伸

7. 卷腹

【动作要领】以胸部为轴,一条腿弯曲,一条腿伸直,腹肌发力完成卷腹动作练习。如

图 3-7 所示。

【训练安排】每组 6～8 次,完成 5～6 组,组间间歇 30～60 秒;双侧交替练习。

【注意事项】腹肌发力时吐气,还原时配合吸气。

图 3-7 卷腹

8. 跪姿后抬腿

【动作要领】俯身双手单腿跪在垫面上,一侧臀腿肌群向上向后发力,使肌群充分收缩。如图 3-8 所示。

【训练安排】每组 6～8 次,完成 5～6 组,组间间歇 30～60 秒;双腿交替练习。

【注意事项】肌群发力收缩时吐气,还原时配合吸气。

图 3-8 跪姿后抬腿

9. 臀桥加腿外旋

【动作要领】仰卧在垫面上,双手自然张开肩部支撑于垫面,单腿屈膝 90°呈臀桥姿态,抬起腿做外旋动作练习。如图 3-9 所示。

图 3-9 臀桥腿外旋

【训练安排】每组 6～8 次,完成 5～6 组,组间间歇 30～60 秒;双侧交替练习。

【注意事项】肌群发力时吐气,还原时配合吸气。

10. 胫骨前肌(迷你带)

【动作要领】仰卧在垫面上,脚尖朝上,屈踝90°,弹力带置于脚背处,拉力方向朝脚心方向,胫骨前肌发力做踝关节屈伸动作练习。如图3-10所示。

【训练安排】每组6~8次,完成5~6组,组间间歇30~60秒;双侧交替练习。

【注意事项】肌群发力时吐气,还原时配合吸气。

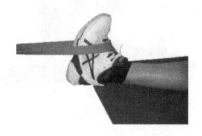

图3-10 胫骨前肌(迷你带)

11. 网球足底放松

【动作要领】站姿姿态,赤脚或穿袜,将网球置于脚心处,脚做前后碾压网球动作,使足底筋膜放松。如图3-11所示。

【训练安排】每组训练3~5分钟,或至酸胀感下降。双脚交替练习。

【注意事项】保持均匀呼吸。

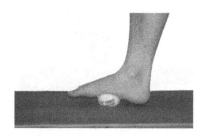

图3-11 网球足底放松

二、骨盆后倾

(一) 定义

骨盆后倾是指耻骨联合的位置位于髂前上棘的前方,骨盆位置向后倾斜一定角度。

(二) 测试方法

托马斯测试(如图3-12所示)。

步骤一:端正坐在床上,床边与大腿中点对齐;

步骤二:后躺至床面上,双腿朝胸部卷曲,双手抱膝;

步骤三:保证身体与床面贴紧,双手抱住一条腿,另一条腿缓慢朝地面下落。

在测试过程中,检查大腿能否贴紧床面,膝盖能否弯曲90°,如果大腿与床面出现间隙则可能是骨盆后倾。

图 3-12　托马斯测试

（三）矫正训练示例

1. 用球（或泡沫轴）按摩放松大腿后侧

【动作要领】双手撑在垫面上，单腿盘坐在按摩球上，另一条腿屈膝放置支撑腿上，臀部肌群置于按摩球上做滚动练习。如图 3-13 所示。

【训练安排】每组训练 3~5 分钟，或至酸胀感下降。双腿交替练习。

【注意事项】保持均匀呼吸。

图 3-13　用球按摩放松大腿后侧

2. 坐姿腿部拉伸

【动作要领】臀部坐于椅子上，一侧腿伸直，上身保持中立位，屈髋时将重心向前移动，同时勾脚尖，使小腿后侧肌群有充分的拉伸感。如图 3-14 所示。

图 3-14　坐姿腿部拉伸

【训练安排】每组训练3～5分钟,或至酸胀感下降。双腿交替练习。

【注意事项】保持均匀呼吸。

3. 身体前侧拉伸

【动作要领】俯身至垫面上,双手置于胸部两侧做支撑,将上身撑起,同时头部上扬,使身体前侧肌群充分拉伸。如图3-15所示。

【训练安排】每组训练3～5分钟,或至酸胀感下降。

【注意事项】保持均匀呼吸。

图3-15　身体前侧拉伸

4. 大腿后侧拉伸

【动作要领】仰卧在垫面上,一侧腿屈膝屈髋并将踝关节外侧置于另一条腿膝关节上方,双手从中间穿过,抓膝关节后上方两侧,发力使大腿向身体靠拢,促使大腿后侧肌群拉伸。如图3-16所示。

【训练安排】每组训练3～5分钟,或至酸胀感下降。双腿交替练习。

【注意事项】保持均匀呼吸。

图3-16　大腿后侧拉伸

5. 放松胸肌

【动作要领】寻找合适器械(房门等),双手屈肘90°,大臂与地面平行,下肢呈前后站立姿态,膝关节微屈,身体重心向前移动,使胸肌被充分拉伸。如图3-17所示。

【训练安排】每组训练3～5分钟,或至酸胀感下降。

【注意事项】保持均匀呼吸。

图 3-17　放松胸肌

（四）加强练习

1. 弓箭步练习

【动作要领】双手叉腰,上身保持中立位,向前呈弓箭步,前侧腿与地面平行,小腿垂直于地面,后侧腿的脚尖接触地面,小腿与地面平行。如图 3-18 所示,由动作(1)到动作(2)。

【训练安排】每组 6~8 次,完成 5~6 组,组间间歇 30~60 秒;双腿交替练习。

【注意事项】保持均匀呼吸。

(1)　　　　　　　　　　(2)

图 3-18　弓箭步

2. 抬腿屈髋练习

【动作要领】双手置于身体两侧,上身保持中立位,向前屈髋抬腿与地面平行,小腿自然放松垂直于地面。如图 3-19 所示,由动作(1)到动作(2)。

【训练安排】每组 6~8 次,完成 5~6 组,组间间歇 30~60 秒;双腿交替练习。

【注意事项】保持均匀呼吸。

图 3-19　抬腿屈髋练习

3．腰背肌练习

【动作要领】俯身至于垫面上,双手伸向额头正前方,双脚并拢,腰背部肌群发力,双手双脚同时向上抬起,成反攻姿态。如图 3-20 所示,由动作(1)到动作(2)。

【训练安排】每组 6～8 次,完成 5～6 组,组间间歇 30～60 秒;双腿交替练习。

【注意事项】保持均匀呼吸。

图 3-20　腰背肌练习

4．斜方肌和菱形肌练习

【动作要领】双脚并拢坐于垫面上,弹力带置于脚掌中心,双手握住弹力带把手,上身呈中立位,双手贴着身体两侧由前向后发力。如图 3-21 所示,由动作(1)到动作(2)。

【训练安排】每组 6～8 次,完成 5～6 组,组间间歇 30～60 秒;双腿交替练习。

【注意事项】保持均匀呼吸。

图 3-21　斜方肌和菱形肌练习

5．腹外斜肌练习

【动作要领】仰卧在垫面上,左脚屈膝抬起,右手置于耳后,右侧躯干轻微抬起并旋转,完成练习动作。如图 3-22 所示。

【训练安排】每组 6～8 次,完成 5～6 组,组间间歇 30～60 秒;双侧交替练习。

【注意事项】保持均匀呼吸。

图 3-22　腹外斜肌练习

6. 半跪姿下跪躯干旋转练习

【动作要领】俯卧在垫面上,对侧膝关节跪地,同侧腿弯曲 90°,脚掌支撑地面,单手持壶铃,胸椎旋转至最高位。如图 3-23 所示。

【训练安排】每组 6～8 次,完成 5～6 组,组间间歇 30～60 秒;双侧交替练习。

【注意事项】保持均匀呼吸。

图 3-23　半跪姿下跪躯干旋转练习

三、骨盆侧倾

(一) 定义

潜在的神经肌肉模式紊乱导致一侧或双侧骨盆局部肌肉过紧,使人在自然站立状态下,髂前上棘的位置不处在同一水平线,而是出现某一侧升高的现象。

(二) 测试方法

方法一:在仰卧位下,两只手触诊双足内踝,然后自然坐起观察两内踝是否平齐。如果两内踝平齐,则可能不是长短腿,这时与骨盆关系不大;如果两内踝位置一上一下,则可能是骨盆侧倾引起的长短腿。

方法二:俯卧位下被动屈膝,观察两侧足的高低。

方法三:在俯卧位下用一个卷尺直接测量左右腿的长度,起点是肚脐,止点是内踝。

(三) 矫正训练示例

1. 泡沫轴放松背阔肌、竖脊肌

【动作要领】仰卧位，上肢置于头后方，下肢屈髋屈膝，将泡沫轴放在背部下方来回滚动。如图3-24所示。

【训练安排】每组训练3~5分钟，或至酸胀感下降。

【注意事项】有腰椎间盘突出症状者慎用，因为泡沫轴在滚动过程中是不稳定的，可能会加重症状；运动过程中请勿憋气，应自然、缓慢地呼吸。

图3-24　泡沫轴放松背阔肌、竖脊肌

2. 阔筋膜张肌放松

【动作要领】侧卧位，将放松侧的阔筋膜张肌放置泡沫轴上，另一侧交叉放置身体前侧做支撑，用泡沫轴在阔筋膜张肌位置处来回滚动。如图3-25所示。

【训练安排】每组训练3~5分钟，或至酸胀感下降。

【注意事项】在训练过程中，身体保持侧卧位，保持呼吸顺畅，不要憋气。

图3-25　阔筋膜张肌放松

3. 臀部筋膜放松

【动作要领】侧坐位，将放松侧的臀部筋膜放置泡沫轴上，用泡沫轴在臀部筋膜位置处来回滚动。如图3-26所示。

【训练安排】每组训练3~5分钟，或至酸胀感下降。

【注意事项】在训练过程中，身体保持侧坐位，保持呼吸顺畅，不要憋气。

图3-26　臀部筋膜放松

4. 腰方肌拉伸

【动作要领】坐于垫面上,一条腿盘坐在前侧,另一条腿伸直,双手抓住前脚掌,身体向脚尖方向侧压,使腰方肌充分拉伸。如图 3-27 所示。

【训练安排】每组训练 3～5 分钟,或至酸胀感下降。

【注意事项】在训练过程中,身体保持侧坐位,保持呼吸顺畅,不要憋气。

图 3-27 腰方肌拉伸

5. 卷腹

【动作要领】仰卧在垫面上,屈膝前脚掌触地,双手放置双耳处。腰腹发力,头、颈、肩向上抬起,至 30°～45°之间。如图 3-28 所示。

【训练安排】每组训练 3～5 分钟,或至酸胀感下降。

【注意事项】在训练过程中,身体保持侧坐位,保持呼吸顺畅,不要憋气。

图 3-28 卷腹

6. 泡沫轴放松外侧肌群

【动作要领】侧卧位,放松侧的上肢伸直,另一侧手叉腰,双腿自然伸直,用泡沫轴在肩胛骨和平齐乳头的位置上来回滚动。如图 3-29 所示。

【训练安排】每组训练 3～5 分钟,或至酸胀感下降,每次两组。

【注意事项】在训练过程中,身体保持中立位,不要旋转;保持呼吸顺畅,不要憋气。

图 3-29 泡沫轴放松外侧肌群

7. 泡沫轴放松背阔肌、竖脊肌

【动作要领】仰卧位,上肢置于头后方,下肢屈髋屈膝,将泡沫轴放在背部下方来回滚动。如图 3-30 所示。

【训练安排】每组训练 3～5 分钟,或至酸胀感下降,每次两组。

【注意事项】有腰椎间盘突出症状者慎用,因为泡沫轴在滚动的过程中是不稳定的,可能会加重症状;运动过程中请勿憋气,应自然、缓慢地呼吸。

图 3-30　泡沫轴放松背阔肌、竖脊肌

8. 泡沫轴松解髂胫束

【动作要领】侧卧位,用泡沫轴放在髂胫束下方来回滚动。如图 3-31 所示。

【训练安排】每组训练 3~5 分钟,或至酸胀感下降,每次两组。

【注意事项】在训练过程中,如果腰部有不适感,应减轻训练强度;运动过程中请勿憋气,应自然、缓慢地呼吸。

图 3-31　泡沫轴松解髂胫束

9. 臀中肌的强化

蚌式益处:提高骨盆的稳定性,强化髋部外旋特别是臀中肌和外展肌的能力。

【动作要领】侧卧屈膝,将弹力带套在膝关节以上大腿上方,保持骨盆的稳定性,呼气;上方的膝盖向上打开;吸气,缓慢还原。

【训练安排】每组 8~12 次,完成 6 组。

【注意事项】在训练过程中,如果腰部有不适感,应降低弹力带强度。

图 3-32　臀中肌的强化

四、长短腿

(一) 定义

骨盆两侧下肢不等长。

(二) 测试方法

在仰卧放松姿势下,屈髋屈膝,脚并起来,观察两侧膝盖的高低,高的一侧小腿会长一些。功能性长短腿虽然只是看上去左右腿长不等,但其实是受相关肌肉、足踝、骨盆等的影响。

（三）矫正训练示例

1. 拉伸短腿一侧的腰方肌

【动作要领】坐于垫面上，两腿伸直并分开。身体向脚尖方向侧压，使腰方肌充分拉伸。左手伸向左侧脚掌。随后换至对侧。如图 3-33 所示。

【训练安排】每组训练 1~2 分钟，或至酸胀感下降。

【注意事项】在训练过程中，身体保持侧坐位，保持呼吸顺畅，不要憋气。

图 3-33　拉伸短腿一侧的腰方肌

2. 拉伸短腿一侧的髂腰肌

【动作要领】短腿一侧跪姿，促使髂腰肌充分拉伸。如图 3-34 所示。

【训练安排】每组训练 1~2 分钟，换至对侧。

【注意事项】在训练过程中，身体保持中立位，保持呼吸顺畅，不要憋气。

图 3-34　拉伸短腿一侧的髂腰肌

3. 拉伸长腿一侧内收肌

【动作要领】侧弓步，长侧腿向短侧腿一侧做侧压，短侧腿屈膝呈 90°，大腿与地面平行，促使长腿内收肌充分拉伸。如图 3-35 所示。

【训练安排】每组训练 1~2 分钟，换至对侧。

【注意事项】在训练过程中，身体保持中立位，保持呼吸顺畅，不要憋气。

图 3-35　拉伸长腿一侧内收肌

4. 强化大腿外侧肌肉

【动作要领】侧卧在垫面上,屈膝屈髋,侧卧位手臂屈肘置于耳侧,另一手臂自然放于腹部。弹力带置于膝关节处,双膝作外展动作练习。如图3-36所示。

【训练安排】每组6~8次,完成5~6组,组间间歇30~60秒;双侧交替练习。

【注意事项】在训练过程中,身体保持中立位,保持呼吸顺畅,不要憋气。

图3-36 强化大腿外侧肌肉

5. 拉伸腰方肌、腹内外斜肌、腰大肌

【动作要领】单腿盘在髋关节前侧,另一条腿向后伸直,上身保持中立位,双手置于身体前侧垫面,屈髋重心前移使目标肌群充分拉伸。如图3-37所示。

【训练安排】每组训练3~5分钟,或至酸胀感下降。双侧交替练习。

【注意事项】在训练过程中,身体保持中立位;保持呼吸顺畅,不要憋气。

图3-37 拉伸腰方肌、腹内外斜肌、腰大肌

6. 高侧臀大肌练习

【动作要领】身体呈俯跪姿态,左侧腿向上高抬,使臀部肌群收缩,完成练习动作。如图3-38所示。

【训练安排】每组6~8次,完成5~6组,组间间歇30~60秒;双侧交替练习。

【注意事项】在训练过程中,身体保持中立位,保持呼吸顺畅,不要憋气。

图3-38 练习高侧臀大肌

五、O形腿

(一) 定义

O形腿又称膝内翻,是指双脚并拢时双膝间仍有空隙,这主要是由大腿的内收与内旋,小腿的内旋以及足弓塌陷导致的两膝间隙变大。

(二) 测试方法

踝关节和膝关节是否能同时并拢,如果踝关节能并拢,但是膝关节不能并拢,则是O形腿。

(三) 矫正训练示例

1. 臀大肌练习—臀桥

【动作要领】仰卧在垫面上,双手自然放于身体两侧,屈髋屈膝,双脚间隔一拳距离,全脚掌支撑地面;双肩支撑,伸髋臀肌发力,躯干成一条直线。如图3-29所示,由动作(1)到动作(2)。

【训练安排】每组6~8次,完成5~6组,组间间歇30~60秒。

【注意事项】在训练过程中,保持呼吸顺畅,不要憋气。

图3-39 臀大肌练习—臀桥

2. 臀大肌练习—后蹬腿

【动作要领】双手支撑,单腿俯跪在垫面上,身体与地面保持平行,练习腿臀肌伸髋发力,身体成一条直线且与地面平行,促使发力肌群充分收缩。如图3-40所示。

【训练安排】每组6~8次,完成5~6组,组间间歇30~60秒;双腿交替练习。

【注意事项】在训练过程中,保持呼吸顺畅,不要憋气。

图3-40 臀大肌练习—后蹬腿

3. 臀中肌练习

【动作要领】屈膝屈髋,侧躺在垫面上,躺侧手臂枕于头部下方,另一侧手臂放置在同侧髋关节处,双脚脚心靠拢,膝关节做蚌式开合动作练习,使臀中肌充分收缩。如图3-41所示,由动作(1)到动作(2)。

【训练安排】每组6～8次,完成5～6组,组间间歇30～60秒;双侧交替练习。

【注意事项】在训练过程中,保持呼吸顺畅,不要憋气。

(1)　　　　　　　　　　　　　　　(2)

图3-41　臀中肌练习(蚌式)

4. 松解半腱肌、半膜肌(用泡沫轴滚大腿后侧)

【动作要领】双手撑地,躯干保持中立位,一侧大腿后侧放至泡沫轴上,另一侧腿屈膝全脚掌支撑地面,泡沫轴做前后滚动,使半腱肌、半膜肌得到充分松解。

【训练安排】每组训练3～5分钟,或至酸胀感下降。双侧交替练习。

【注意事项】在训练过程中,保持呼吸顺畅,不要憋气。

图3-42　松解半腱肌、半膜肌(用泡沫轴滚大腿后侧)

5. O形腿训练(适用于股骨外旋)

(1) 双膝夹枕头下蹲

【动作要领】双脚间距适中站立,双膝夹住枕头,做下蹲动作。下蹲幅度根据自身能力,选择适度的下蹲距离。在下蹲动作练习中,始终保持夹紧枕头,防止枕头掉落。如图3-43所示。

【训练安排】每组6～8次,完成5～6组,组间间歇30～60秒。

【注意事项】在训练过程中,保持呼吸顺畅,不要憋气。

图3-43　双膝夹枕头下蹲

(2) 松解大腿后外侧肌群（用泡沫轴滚大腿后外侧）

【动作要领】双手撑在垫面上，躯干保持中立位，将一侧大腿后外侧放至泡沫轴上，另一侧腿屈膝且全脚掌支撑地面，前后滚动泡沫轴，使大腿后外侧肌群得到充分松解。如图 3-44 所示。

【训练安排】每组训练 3～5 分钟，或至酸胀感下降。双侧交替练习。

【注意事项】在训练过程中，保持呼吸顺畅，不要憋气。

图 3-44　松解大腿后外侧肌群（用泡沫轴滚大腿后外侧）

六、X 形腿

（一）定义

X 形腿又称膝外翻，是指双腿自然伸直或站立时，两膝能相碰，两足内踝分离而不能靠拢的现象。

（二）测试方法

通过测量 Q 角来评估 X 形腿（如图 3-45 所示）：正常站立，双手叉腰至肚脐两侧，然后缓慢，摸至骨盆位置最突出、最高的点。用一软尺连接该点与膝盖髌骨中点（髌骨即膝盖上可移动的那块骨头），再用一软尺连接膝盖髌骨中点和胫骨结节（膝关节侧下方突出的骨头），两个软尺围成的夹角即为 Q 角。正常情况下，Q 角的范围为：男性 $10°～15°$，女性 $12°～18°$。

图 3-45　通过测量 Q 角来评估 X 形腿

（三）矫正训练示例

1. 拉伸髂腰肌、股直肌

【动作要领】上身保持中立位，一条腿支撑于垫面外，另一条腿单膝跪于垫面上，双腿呈跪姿弓步姿态，屈膝双手后伸抓住脚背，使目标肌群充分拉伸。如图 3-46 所示。

【训练安排】每组训练3~5分钟,或至酸胀感下降。双侧交替练习。

【注意事项】在训练过程中,保持呼吸顺畅,不要憋气。

图3-46 拉伸髂腰肌、股直肌

2. 拉伸髋收肌群

【动作要领】俯身趴在垫面上,一侧腿屈膝90°外展,腿部置于泡沫轴上,由内至外做滚动放松。如图3-47所示。

【训练安排】每组训练3~5分钟,或至酸胀感下降。双侧交替练习。

【注意事项】在训练过程中,保持呼吸顺畅,不要憋气。

图3-47 拉伸髋收肌群

3. 强化外展肌、臀中肌(蚌式开合)

【动作要领】屈膝屈髋,侧躺在垫面上,躺侧手臂枕于头部下方,另一侧手臂放置在同侧髋关节处,双脚脚心靠拢,膝关节做蚌式开合动作练习,使臀中肌充分收缩。如图3-48所示。

【训练安排】每组6~8次,完成5~6组,组间间歇30~60秒。双侧交替练习。

【注意事项】在训练过程中,保持呼吸顺畅,不要憋气。

图3-48 强化外展肌、臀中肌(蚌式开合)

4. 臀桥

【动作要领】屈膝,仰卧在垫面上,双脚间距略大于肩宽,脚尖略向两侧分开;双臂向两侧打开放在垫面上;臀部向上发力,以肩和上背为一个支点,双脚为另一个支点,将臀部向上顶起，中下背和大腿顺带向上抬起，直到整个躯干从肩部到膝盖基本处在一条直线上，并与小腿大致垂直。在整个过程中，双脚、肩和上背、双臂均保持静止，小腿也不可主动移动。如图 3-49 所示。

【训练安排】每组 6~8 次，完成 5~6 组，组间间歇 30~60 秒。

【注意事项】在训练过程中，保持呼吸顺畅，不要憋气。

图 3-49　臀桥

5. 弹力带标准深蹲

【动作要领】双脚打开与肩同宽或略宽于肩，将弹力带置于膝关节处，双手前平举，身体保持中立位，屈髋屈膝下蹲，蹲至大腿与地面平行，然后伸髋伸膝呈站立姿态。如图 3-50 所示。

【训练安排】每组 6~8 次，完成 5~6 组，组间间歇 30~60 秒。

【注意事项】在训练过程中，保持呼吸顺畅，不要憋气。

图 3-50　弹力带标准深蹲

6. 侧卧弹力带—腿外展侧卧

【动作要领】侧卧于垫面上，同侧手屈肘托住头部，对侧手叉腰，维持身体稳定，双腿伸直并拢，弹力带置于踝关节处，髋部外展使目标肌群充分收缩。如图 3-51 所示。

【训练安排】每组 6~8 次，完成 5~6 组，组间间歇 30~60 秒；双腿交替练习。

【注意事项】在训练过程中，保持呼吸顺畅，不要憋气。

图 3-51　侧卧弹力带—腿外展侧卧

七、圆肩(含胸)

(一)定义

肩胛骨前伸、外展和(或)上提,肱骨可能内旋,过度训练胸肌就容易导致肌力不均衡,胸肌紧张就会拉着肩膀"向前走"。

(二)测试方法

对着镜子,身体自然放松,若肘窝向内,虎口没有向前,则可判定为圆肩。

(三)矫正训练示例

1. 肩胛骨内收(菱形肌)

【动作要领】菱形肌主动发力,完成肩胛骨向脊柱靠拢收缩动作即可。如图 3-52 所示。

【训练安排】建议动作练习 4 组,每组 15 次以上。

【注意事项】在训练过程中,保持呼吸顺畅,不要憋气。

图 3-52　肩胛骨内收(菱形肌)

2. 曲肘关节外旋(小圆肌)

【动作要领】站立姿态,双手屈肘 90°,将弹力带置于腹部前方,大臂贴近身体,小臂发力向外做外展动作。如图 3-53 所示。

【训练安排】每组 6~8 次,完成 5~6 组,组间间歇 30~60 秒。

【注意事项】在训练过程中,保持呼吸顺畅,不要憋气。

图 3-53　曲肘关节外旋(小圆肌)

3. 肩关节后伸展（三角肌后束）

【动作要领】屈膝屈髋俯身站立，将弹力带置于脚心踩实，两端握于手中，双手拉弹力带做外展动作练习，使三角肌后束充分收缩。如图 3-54 所示。

【训练安排】每组 6～8 次，完成 5～6 组，组间间歇 30～60 秒。

【注意事项】在训练过程中，保持呼吸顺畅，不要憋气。

图 3-54　肩关节后伸展（三角肌后束）

4. 十字挺身

【动作要领】俯卧在垫面上，左臂前伸，与头平行，右臂前伸屈肘，与左臂呈"十"字状，肩胛骨向脊柱靠拢，胸部前挺，肩胛肌群协同收缩发力。动作完成后，换至对侧。如图 3-55 所示。

【训练安排】每组 8～12 次，完成 5～6 组。

【注意事项】在训练过程中，保持呼吸顺畅，不要憋气。

图 3-55　"十"字挺身

5. 胸椎灵活度

【动作要领】大腿贴近小腿跪坐于垫面上，一侧手臂前伸，另一侧手臂屈肘放置耳边，同时胸椎做旋转动作。如图 3-56 所示。

【训练安排】建议动作练习 4 组，每组 15 次以上。两侧交替练习。

【注意事项】在训练过程中，保持呼吸顺畅，不要憋气。

图 3-56 胸椎灵活度

八、驼背

(一) 定义

胸椎向后凸的曲线过大,弯曲呈弓形。通常由背部肌肉薄弱,胸大肌、胸小肌相对强壮造成。

图 3-57 驼背评估

(二) 测试方法

靠墙站立,尝试让脚跟、臀部、后脑勺同时贴着墙壁,平视前方,出现下面任意一种情况则可判定为驼背。

1. 肩膀不能紧贴墙壁;
2. 头需要后仰才能使后脑勺接触墙面;
3. 测量头颈部与墙面的最大距离,若大于 5 厘米,则属于驼背。

(三) 矫正训练示例

1. 器械练背

【动作要领】站立姿态,双手持握器械把手,背部肌群发力,带动手臂屈肘向后收缩,完成背部肌群收缩动作。如图 3-58 所示。

【训练安排】每组 6~8 次,完成 5~6 组,组间间歇 30~60 秒。

【注意事项】在训练过程中,保持呼吸顺畅,不要憋气。

图 3-58　器械练背

2. 胸椎旋转练习

【动作要领】俯卧垫面上，双手持器械置于头部前方，发力使上身向一侧方向抬起，另一侧器械端部做支撑点。如图 3-59 所示。

【训练安排】每组 6~8 次，完成 5~6 组，组间间歇 30~60 秒。

【注意事项】在训练过程中，保持呼吸顺畅，不要憋气。

图 3-59　胸椎旋转练习

九、头前伸

(一) 定义

颈椎生理度变直或者颈椎反弓。

(二) 测试方法

从侧面观察耳朵和肩关节是否处于同一垂直线上，若耳朵和肩关节存在较大距离位移，则可判定为头前伸。

(三) 矫正训练示例

1. 背部肌群松解

【动作要领】屈膝屈髋仰卧于垫面上，双手抱头，将泡沫轴置于背部肩胛骨上沿，由上往下滚动至背阔肌下沿，使背部肌群充分松解。如图 3-60 所示。

【训练安排】每组训练 3~5 分钟，或至酸胀感下降。

【注意事项】在训练过程中，保持呼吸顺畅，不要憋气。

图 3-60　背部肌群松解

2. 胸椎前屈后伸

【动作要领】双手支撑,俯身屈膝跪于垫面上,做吸气拱背、吐气塌腰动作。如图 3-61 所示。

【训练安排】建议练习 4 组,每组 15 次以上。

【注意事项】在训练过程中,保持呼吸顺畅,不要憋气。

图 3-61　胸椎前屈后伸

3. 胸椎旋转

【动作要领】大腿贴近小腿跪坐于垫面上,一侧手臂前伸,另一侧手臂屈肘放置耳边,同时胸椎做旋转动作。如图 3-62 所示。

【训练安排】建议练习 4 组,每组 15 次以上。两侧交替练习。

【注意事项】在训练过程中,保持呼吸顺畅,不要憋气。

图 3-62　胸椎旋转

4. 松解胸部肌群

【动作要领】站立姿态,双手十指相扣放置腰部,肩胛骨向脊柱靠拢,使胸部肌群得到充分拉伸。如图 3-63 所示。

【训练安排】建议练习 4 组,每组 15 次以上。

【注意事项】在训练过程中,保持呼吸顺畅,不要憋气。

图 3-63 松解胸部肌群

十、脊柱侧弯

（一）定义

脊柱偏离纵向轴线，形成异常的侧向曲线。

（二）测试方法

采用体前屈测试方式，评估测试的内容包括侧弯方向与位置、背部隆起状况和肌肉形态。

（三）矫正训练示例

1. 髋部转体

【动作要领】一只脚站在跳箱上，对侧手放置膝关节上方，另一只脚站于地面，另一只手放置腰部，身体略微前倾，髋部同时向跳箱腿部方向做旋转练习。如图 3-64 所示。

【训练安排】建议练习 4 组，每组 15 次以上。两侧交替练习。

【注意事项】在训练过程中，保持呼吸顺畅，不要憋气。

图 3-64 髋部转体

2. 旋转俯卧撑

【动作要领】侧卧在垫面上，上身做旋转，双手置于垫面上，髋关节及下肢不做方向改变，上肢完成俯卧撑动作练习。如图 3-65 所示。

【训练安排】建议动作练习 4 组，每组 15 次以上。两侧交替练习。

【注意事项】在训练过程中，保持呼吸顺畅，不要憋气。

图 3-65　旋转俯卧撑

3. 上肢上举后摆

【动作要领】双脚盘坐于垫面上，双手上举，同时抬头做向后伸展动作。如图 3-66 所示。

【训练安排】建议动作练习 4 组，每组 15 次以上。两侧交替练习。

【注意事项】在训练过程中，保持呼吸顺畅，不要憋气。

图 3-66　上肢上举后摆

4. 手膝撑摇摆

【动作要领】双手支撑，双膝俯跪于垫面，身体保持与垫面平行，头部做左右摇摆动作，目光方向与摆动方向一致。如图 3-67 所示。

【训练安排】建议动作练习 4 组，每组 15 次以上。

【注意事项】在训练过程中，保持呼吸顺畅，不要憋气。

图 3-67　手膝撑摇摆

5. 瑜伽球侧卧拉伸

【动作要领】侧躺在瑜伽球上，双腿前后交叉置于垫面维持身体平衡，侧卧同侧手放于垫面上协同维持姿态稳定，另一侧手侧平举，脊柱成侧曲状。如图 3-68 所示。

【训练安排】每组训练 3~5 分钟，建议动作练习 4 组。

【注意事项】在训练过程中，保持呼吸顺畅，不要憋气。

图 3-68　瑞士球侧卧拉伸

6. 泡沫轴侧卧拉伸

【动作要领】侧躺在泡沫轴上，靠近垫面的腿屈膝 90°以维持姿态稳定，上方腿伸直，脚尖触地，侧卧手向前伸直，上方手臂上举贴近耳部，脊柱呈侧曲状。如图 3-69 所示。

【训练安排】组训练 3~5 分钟，建议动作练习 4 组。

【注意事项】在训练过程中，保持呼吸顺畅，不要憋气。

图 3-69　泡沫轴侧卧拉伸

7. 强化菱形肌、前锯肌、下斜方肌

【动作要领】站立位，手持弹力带先后完成字母 W、Y、T 动作练习，单个字母动作停留 3~5 秒。如图 3-70 所示。

【训练安排】建议每个字母动作练习 4 组，每组 5~10 次。

【注意事项】在训练过程中，保持呼吸顺畅，不要憋气。

图 3-70　强化菱形肌、前锯肌、下斜方肌

第四章 神经-肌肉系统激活

神经-肌肉系统激活是做好"热身活动"的基础,该项练习可以提高肌肉温度、神经兴奋性和肌肉活化程度,可以有效降低运动损伤的风险,是使全身尽快进入运动状态的前提条件。作为高校大学生,在运动前应进行充分的"机体动员",才能在有效地预防运动损伤的基础上促进运动收益。

第一节 神经系统激活

通过神经系统激活,锻炼者可以在短时间内迅速提高神经系统的兴奋性。

1. 快速反应—双腿前后跳

【练习目的】神经激活。

【动作要领】双脚略宽于肩,双臂屈垂于身体两侧,核心部位保持收紧,背部保持平直,双腿向前后方快速跳跃,跳跃节奏由慢到快,至极限频率时维持几秒后减速。如图 4-1 所示。

【训练安排】一次练习进行 6～10 秒。

图 4-1 快速反应—双腿前后跳

2. 快速反应—2 英寸碎步跑

【练习目的】神经激活。

【动作要领】双脚略宽于肩,手臂呈前后摆臂状,以最快的频率进行碎步运动,并缓慢向前移动。脚每次抬离地面不高于 2 英寸,节奏由慢到快,至极限频率时维持几秒后减速。如

图 4-2 所示。

【训练安排】一次练习进行 6～10 秒。

图 4-2　快速反应—2 英寸碎步跑

3. 快速反应—单侧快速提腿

【练习目的】神经激活。

【动作要领】呈运动分腿姿站立,左腿保持直立,同时右腿快速向身体前方蹬出,直至右膝抬高到髋部位置后回位至初始姿势,循环进行。换另一侧腿重复进行。如图 4-3 所示。

【训练安排】每组 6～12 次,每侧 2～3 组。

图 4-3　快速反应—单侧快速提腿

4. 快速反应—快速转髋

【练习目的】神经激活。

【动作要领】双臂屈垂于身体两侧,双脚略宽于肩,有弹性、小幅度地快速跳离地面,保持上身躯干向前,跳跃的同时向左摆臂,向右转髋,落地后快速向反方向跳跃,重复以上动作。如图 4-4 所示。

【训练安排】每组 6～12 次,每侧 2～3 组。

图 4-4　快速反应—快速转髋

第二节　肌肉系统激活

肌肉激活是指为训练或比赛提供一种高效的、系统的、有针对性的热身方法。肌肉系统激活训练的目的在于提高肩部、腰部以及骨盆周围肌肉的参与稳定性。

一、站姿动作

1. 深蹲

【练习目的】激活臀部肌肉。

【动作要领】双手自然垂于体侧，双脚与肩同宽，正常站位；双手抬起，下蹲至大腿平行于地面，脚尖始终向前。在下蹲过程中，膝盖不超过脚尖，保持膝关节不内扣、背部平直和双膝间的距离。如图 4-5 所示。

【训练安排】每组 6~12 次，共 2~3 组。

图 4-5　深蹲

2. 运动姿单腿外旋

【练习目的】激活臀部肌肉。

【动作要领】双手叉腰，双脚与肩同宽，正常站位；左腿保持固定不动，右腿进行内扣、外展练习。重复规定次数后，双腿交换动作。如图 4-6 所示。

【训练安排】每组 10～12 次,共 2～3 组。

图 4-6　运动姿单腿外旋

3. 单腿支撑外展

【练习目的】激活臀部肌肉。

【动作要领】双脚近平行站位,左脚抬离地面 3～5 厘米,将左侧臀部收紧,左腿向后方缓慢蹬出,直至左腿与背部呈一条直线,保持身体平衡;随后回位到初始姿态,重复规定次数后,双腿交换动作。如图 4-7 所示。

【训练安排】每组 10～12 次,共 2～3 组。

图 4-7　单腿支撑外展

4. 运动姿纵向走

【练习目的】激活臀部肌肉。

【动作要领】右脚向前迈出 1 个步长的距离,接着左脚向前迈出 1 个步长的距离,对侧摆臂,往复交替,直至完成规定次数。如图 4-8 所示。

【训练安排】每组 10~12 次,共 2~3 组。

图 4-8　运动姿纵向走

5. 分腿姿纵向走

【练习目的】激活臀部肌肉。

【动作要领】双脚前后分开,间距约为 1 个脚长的距离,右脚向前迈出 1 个脚长的距离,接着左脚向前迈出 1 个脚长的距离,注意控制两脚间距。换另一侧,重复上述动作。如图 4-9 所示。

【训练安排】每组 10~12 次,共 2~3 组。

图 4-9　分腿姿纵向走

6. 运动姿横向走

【练习目的】激活臀部肌肉。

【动作要领】双脚与肩同宽,运动姿站位;右脚向身体右侧迈出 1~2 个脚长的距离,接着左脚向身体右侧迈出 1~2 个脚长的距离,右脚继续向右侧方向蹬出。在整个过程中,锻炼者始终保持腹部收紧,背部平直,手臂自然摆动。换另一侧,重复上述动作。如图 4-10 所示。

【训练安排】每组 10~12 次,共 2~3 组。

图 4-10　运动姿横向走

7. 分腿姿横向走

【练习目的】激活臀部肌肉。

【动作要领】双臂屈垂于身体两侧,双脚前后打开将近 1 个脚长的距离,右脚向右迈出 1~2 个脚长的距离,然后左脚向右迈出 1~2 个脚长的距离,手臂自然摆动。如图 4-11 所示。

【训练安排】每组 10~12 次,共 2~3 组。

图 4-11　分腿姿横向走

8. 直腿横向走

【练习目的】激活臀部肌肉。

【动作要领】双臂自然垂于身体两侧,双脚略宽于肩,正常站位;右腿向右迈出 1~2 个脚长的距离,接着左腿向右腿并拢。换另一侧,重复上述动作。如图 4-12 所示。

【训练安排】每组 10~12 次,共 2~3 组。

图 4-12　直腿横向走

9. 直膝髋外展

【练习目的】激活臀部外侧肌群。

【动作要领】侧卧于垫子上,头枕手臂,且躯干保持一条直线,双腿伸直,双脚脚尖勾起;抬起左腿,保持双脚勾脚尖姿势3～5秒,回到起始姿势,换至对侧进行练习。在整个过程中,锻炼者注意保持腹部收紧,臀部外侧肌群发力抬腿且保持双脚脚尖勾起姿势。如图4-13所示。

【训练安排】每组10～12次,共1～2组。

图4-13　直膝髋外展

二、卧姿动作

1. 屈膝髋外展

【练习目的】激活髋外展肌群。

【动作要领】侧卧于垫子上,头枕手臂,躯干保持一条直线,双膝微屈,双脚勾脚,脚跟并拢,左膝上抬,保持3～5秒,回到起始姿势,换至对侧进行练习。在整个过程中,锻炼者注意保持腹部收紧,股后肌群放松,且外展髋部,髋外展肌群收缩。如图4-14所示。

【训练安排】组数1～2组,每组10～12次。

图4-14　屈膝髋外展

2. 直膝髋外展—迷你带

【练习目的】激活臀部外侧肌群。

【动作要领】侧卧于垫子上,头枕手臂,将迷你带置于膝关节上方,躯干保持一条直线,双腿伸直,双脚脚尖勾起,抬起左腿,保持双脚勾脚尖姿势3～5秒,回到起始姿势,换至对侧进行练习。在整个过程中,锻炼者注意保持腹部收紧,臀部外侧肌群发力抬腿且双脚脚尖勾起。如图4-15所示。

【训练安排】组数1～2组，每组10～12次。

图4-15 直膝髋外展—迷你带

3．屈膝髋外展—迷你带

【练习目的】激活髋外展肌群。

【动作要领】侧卧于垫子上，头枕手臂，将迷你带置于膝关节上方，躯干保持一条直线，双膝微屈；双脚勾脚，脚跟并拢，左膝上抬，保持3～5秒，回到起始姿势，换到对侧进行练习。在整个过程中，锻炼者注意保持腹部收紧，股后肌群放松，且外展髋部，髋外展肌群收缩。如图4-16所示。

【训练安排】组数1～2组，每组10～12次。

图4-16 屈膝髋外展—迷你带

三、跪撑动作

1．跪撑—伸髋

【练习目的】激活臀部肌群。

【动作要领】呈双肘伸直且双膝跪于地面姿势，腹部收紧，双臂推起躯干，保持双膝屈膝，向上举起左脚保持3～5秒，回到起始姿势，抬起右腿。在整个过程中，锻炼者注意背部不出现弓形。如图4-17所示。

【训练安排】组数1～2组，每组10～12次，组间间歇30秒。

图4-17 跪撑—伸髋

2．跪撑—髋外展

【练习目的】激活臀部肌群。

【动作要领】呈双肘伸直且双膝跪于地面姿势，腹部收紧，双臂推起躯干，保持双膝屈膝,侧向缓慢抬起左腿保持 3～5 秒,回到起始姿势,再抬起右腿。在整个过程中,锻炼者注意保持躯干稳定。如图 4-18 所示。

【训练安排】组数 1～2 组,每组 10～12 次。

图 4-18　跪撑—髋外展

第五章 拉　　伸

拉伸是提高机体关节灵活性和肌肉柔韧性的方法,其主要针对关节、筋膜和肌肉,通过拉长骨骼肌起止点与不同骨骼间的距离来提升关节的活动度和调整肌肉的肌张力。

第一节　拉伸的作用与分类

一、拉伸的作用

适度拉伸对身体具有积极的作用,具体如下。
(1) 有效减少非必要的能量损耗,降低肌肉粘滞性,增加肌肉弹性。
(2) 降低肌肉张力和提高肌肉伸展性。
(3) 加快机体的淋巴循环和血液循环,进而促进代谢产物的排除。
(4) 减缓运动后的肌肉延迟性酸痛,进而促进机体的超量恢复。
(5) 提高肌肉的收缩力量和收缩速度,有助于运动技术动作的合理完成。

二、拉伸的分类

拉伸根据动作特征,可分为静态拉伸和动态拉伸;根据施力方式,可分为主动拉伸和被动拉伸。根据当前大学生身体活动需求,本教程将主要介绍动态拉伸与静态拉伸。

(一) 静态拉伸

静态拉伸是通过保持静止的动作,将筋膜、肌肉等软组织拉伸到一定程度,对于缓解机体疲劳、减少运动损伤和改善关节活动范围等具有较好的作用。静态拉伸应按从大到小、自下而上的顺序进行,首先进行大肌肉群拉伸,建议拉伸时长为15~30秒。

(二) 动态拉伸

动态拉伸是将肌肉、关节以及运动平面整合在一起的各种动作模式,是通过缓慢、有效地控制活动的肢体,达到增加关节活动范围和机体温度等目的的拉伸方式。动态拉伸经常用于热身活动,单个动作持续4~6秒,重复4~6次,完成1~2组。

第二节　拉伸的练习方法

一、静态拉伸

1. 胸锁乳突肌拉伸

【练习目的】牵拉胸锁乳突肌。

【动作要领】双臂自然垂于体侧，呈下颌稍收、抬头挺胸的直立姿；抬头并将头部向左旋转，至胸锁乳突肌感到中等程度牵拉为止。按规定时间保持姿势，对侧同按此示。如图 5-1 所示。

【训练安排】每侧保持 15～30 秒。

图 5-1　牵拉胸锁乳突肌

2. 胸大肌拉伸

【练习目的】牵拉胸大肌。

【动作要领】左臂自然垂于体侧，呈抬头挺胸直立姿，右肘关节屈曲，右臂抬起，右前臂抵住牵拉架或其他辅助工具；身体缓慢前倾并保持背部挺直，至胸大肌感到中等程度的牵拉为止。按规定时间保持姿势，对侧同按此示。如图 5-2 所示。

【训练安排】每侧保持 15～30 秒。

图 5-2　牵拉胸大肌

3. 胸小肌拉伸

【练习目的】牵拉胸小肌。

【动作要领】双手手指交叉相扣于背后,双臂伸直,抬头挺胸并呈前后分腿姿;肩胛骨尽量向下拉的同时缓慢向上抬臂,并保持身体直立,至胸小肌有中等程度的牵拉感。按规定时间保持姿势,对侧同按此示。如图 5-3 所示。

【训练安排】每侧保持 15~30 秒。

图 5-3　牵拉胸小肌

4. 肱二头肌拉伸

【练习目的】牵拉肱二头肌。

【动作要领】左臂自然垂于体侧,左腿在前,抬头挺胸,呈前后分腿姿,右手掌心向内,右臂向身体后方抬起抓住牵拉架;下蹲并保持右臂伸直,至肱二头肌感到中等程度的牵拉为止。按规定时间保持姿势,对侧同按此示。如图 5-4 所示。

【训练安排】每侧保持 15~30 秒。

图 5-4　牵拉肱二头肌

5. 肱三头肌拉伸

【练习目的】牵拉肱三头肌。

【动作要领】抬右臂同时右臂肘部弯曲,至肘部靠近左耳,左手靠近右肩胛骨,呈抬头挺胸的直立姿站位;左手抓住右臂肘部并逐渐向头后方向牵拉,至肱三头肌感到中等程度的牵拉为止。按规定时间保持姿势,对侧同按此示。如图 5-5 所示。

【训练安排】每侧保持 15~30 秒。

图 5-5　牵拉肱三头肌

6. 肩胛下肌拉伸

【练习目的】牵拉肩胛下肌。

【动作要领】左手抓住牵拉架,肘部屈曲呈 90°夹角,右手自然垂于体侧,呈抬头挺胸的直立姿;左臂内旋推牵拉架,并保持身体不动,至肩胛下肌感到中等程度的牵拉为止。按规定时间保持姿势,对侧同按此示。如图 5-6 所示。

【训练安排】每侧保持 15~30 秒。

图 5-6　牵拉肩胛下肌

7. 背阔肌拉伸

【练习目的】牵拉背阔肌。

【动作要领】双手分开,握距比肩略宽,抓住牵拉架,抬头挺胸;伸展手臂,屈膝并利用自身重力使身体下沉,至背阔肌感到中等程度的牵拉为止。按规定时间保持姿势。如图 5-7 所示。

【训练安排】每侧保持 15～30 秒。

图 5-7 牵拉背阔肌

8. 腹直肌拉伸

【练习目的】牵拉腹直肌。

【动作要领】双手撑地伸直,呈俯卧姿,保持髋关节及下肢紧贴地面;双手逐渐向身体后方移动,头后仰,至腹直肌感到中等程度的牵拉为止。按规定时间保持姿势。如图 5-8 所示。

【训练安排】每侧保持 15～30 秒。

图 5-8 牵拉腹直肌

9. 腹斜肌拉伸

【练习目的】牵拉腹斜肌。

【动作要领】双手撑地伸直,呈俯卧姿,保持髋关节及下肢紧贴地面;手逐渐向身体后方移动,躯干随头向右后方转动,直至腹斜肌感到中等程度的牵拉为止。按规定时间保持姿势,对侧同按此示。如图 5-9 所示。

【训练安排】每侧保持15～30秒。

图 5-9　牵拉腹斜肌

10．背伸肌群拉伸

【练习目的】牵拉背伸肌群。

【动作要领】呈双腿分开膝稍屈的坐姿，双手自然放在身体前方的地面上，向前俯身趴下；双手前伸，至背伸肌群感到中等程度的牵拉为止。按规定时间保持姿势。如图5-10所示。

【训练安排】每侧保持15～30秒。

图 5-10　牵拉背伸肌群

11．腰方肌拉伸

【练习目的】牵拉腰方肌。

【动作要领】呈双腿分开伸直的坐姿，背部保持平直，右手伸直抬起，左手扶住右侧骨盆，身体向左侧弯曲，至右侧腰方肌感到中等程度的牵拉为止。按规定时间保持姿势，对侧同按此示。如图5-11所示。

【训练安排】每侧保持15～30秒。

图 5-11　牵拉腰方肌

12. 下腰背拉伸

【练习目的】牵拉下腰背。

【动作要领】呈右腿伸直的坐姿，屈左膝将左脚置于右膝外侧，以右肘抵左膝外侧；躯干和头部向身体左后方旋转，右肘发力推动左膝向右移动，左手置于臀部正后方 30～40 厘米处并用力向地面上推，至下腰背感到中等程度的牵拉为止。按规定时间保持姿势，对侧同按此示。如图 5-12 所示。

【训练安排】每侧保持 15～30 秒。

图 5-12　牵拉下腰背

13. 髂腰肌拉伸

【练习目的】牵拉髂腰肌。

【动作要领】右腿在前，左腿在后，呈低分腿姿，背部保持平直，收紧腹部；左手手臂向上伸展并内旋，右手放在右腿膝关节上，身体向左倾斜，直至髂腰肌感到中等程度的牵拉为止。按规定时间保持姿势，对侧同按此示。如图 5-13 所示。

【训练安排】每侧保持 15～30 秒。

图 5-13　牵拉髂腰肌

14. 梨状肌拉伸

【练习目的】牵拉梨状肌。

【动作要领】呈仰卧姿，保持身体及头部贴地面，左脚脚踝置于右膝上方；两手环抱至右大腿后侧并将右腿拉向胸部，至梨状肌感到中等程度的牵拉为止。按规定时间保持姿势，对侧同按此示。如图 5-14 所示。

【训练安排】每侧保持 15～30 秒。

图 5-14　牵拉梨状肌

15．臀大肌拉伸

【练习目的】牵拉臀大肌。

【动作要领】呈仰卧姿，保持身体及头部贴地面，左腿屈膝屈髋，右腿伸直；双手环抱至左大腿后侧，将左腿拉向身体，至臀大肌感到中等程度的牵拉为止。按规定时间保持姿势，对侧同按此示。如图 5-15 所示。

【训练安排】每侧保持 15～30 秒。

图 5-15　牵拉臀大肌

16．股四头肌拉伸

【练习目的】牵拉股四头肌。

【动作要领】单腿直立姿，左手向后抓住左脚脚踝，并将左脚脚踝拉向臀部，至股四头肌感到中等程度的牵拉为止。按规定时间保持姿势，对侧同按此示。如图 5-16 所示。

【训练安排】每侧保持 15～30 秒。

图 5-16　牵拉股四头肌

17．大腿内收肌群拉伸

【练习目的】牵拉大腿内收肌群。

【动作要领】双臂向前伸直,始终保持双脚脚尖方向指向正前方,左腿伸直,髋关节下压,至大腿内收肌群感到中等程度的牵拉为止。按规定时间保持姿势,对侧同按此示。如图 5-17 所示。

【训练安排】每侧保持 15～30 秒。

图 5-17　牵拉大腿内收肌群

18．腘绳肌拉伸

【练习目的】牵拉腘绳肌。

【动作要领】双手叉腰,背部保持平直,呈前后分腿姿;左脚脚后跟着地,脚踝背屈,始终保持左腿伸直,屈髋向后,至腘绳肌感到中等程度的牵拉为止。按规定时间保持姿势,对侧同按此示。如图 5-18 所示。

【训练安排】每侧保持 15～30 秒。

图 5-18　牵拉腘绳肌

19．胫骨前肌拉伸

【练习目的】牵拉胫骨前肌。

【动作要领】双手叉腰,呈站姿,左脚尖立起置于身体后方,脚踝内旋;身体逐渐向右旋转,直至胫骨前肌感到中等程度的牵拉为止。按规定时间保持姿势,对侧同按此示。如图 5-19 所示。

【训练安排】每侧保持 15～30 秒。

图 5-19　牵拉胫骨前肌

20. 比目鱼肌拉伸

【练习目的】牵拉比目鱼肌。

【动作要领】呈右腿伸直的坐姿,左脚背屈,屈左膝,双手握住左脚脚尖位置;左脚跟不动,将左脚尖拉向身体,至比目鱼肌感到中等程度的牵拉为止。按规定时间保持姿势,对侧同按此示。如图 5-20 所示。

【训练安排】每侧保持 15～30 秒。

图 5-20　牵拉比目鱼肌

二、动态拉伸

1. 90/90°牵拉—手臂摆动

【练习目的】拉伸胸大肌,增加胸椎活动度。

【动作要领】呈左侧卧姿,双手合掌,双臂向前伸直与躯干呈 90°,双腿屈膝呈 90°,髋关节伸直(或屈髋呈 90°);头向后转动,右臂绕过头部向身体后方展开,直至与左臂呈一条直线,保持髋关节及下肢稳定,至躯干前部感到中等程度的牵拉为止;保持 2 秒后回位至起始姿势。以规定次数重复动作,对侧同按此示。如图 5-21 所示。

【训练安排】每侧各 6～8 次,完成 5～6 组。

图 5-21　90/90°牵拉—手臂摆动

2. 90°屈膝牵拉

【练习目的】增加胸椎活动度。

【动作要领】呈右侧卧姿，右小腿屈膝贴近大腿，右侧髋关节伸直，左膝关节置于泡沫轴上，左侧屈髋屈膝呈 90°，右手伸直与躯干呈直线；保持髋关节及下肢稳定，头向后转动，向身体后方转动左肩，至躯干前部感到中等程度的牵拉为止；保持 2 秒后回位至起始姿势。以规定次数重复动作，对侧同按此示。如图 5-22 所示。

【训练安排】每侧各 6~8 次，完成 5~6 组。

图 5-22　90/90°牵拉屈膝

3. 90/90°牵拉肩内收

【练习目的】增加胸椎活动度。

【动作要领】呈右侧卧姿，右腿屈膝呈 90°夹角，右侧髋关节伸直，左腿膝关节置于泡沫轴上，右侧屈髋屈膝呈 90°夹角，左臂伸直贴紧地面与躯干呈 90°夹角右臂伸直垂直于地面；右臂保持不动，同时保持髋关节及下肢稳定，头向后转动，左臂缓慢地向右臂方向抬起，至躯干前部感到中等程度的牵拉为止；保持 2 秒后回位至起始姿势，以规定次数重复动作，对侧同按此示。如图 5-23 所示。

【训练安排】每侧各 6~8 次，完成 5~6 组。

图 5-23　90/90°牵拉肩内收

4. 站姿胸椎旋转

【练习目的】增加胸椎灵活度。

【动作要领】基础准备姿势，双手交叉放在头后，背部保持平直；以胸椎为轴，头部及躯干向左旋转，保持髋关节及下肢稳定，直至躯干前部感到中等程度的牵拉为止；保持2秒后回位至起始姿势。以规定次数重复动作，对侧同按此示。如图5-24所示。

【训练安排】每侧各6~8次，完成5~6组。

图 5-24　站姿胸椎旋转

5. 跪撑胸椎旋转

【练习目的】增加胸椎灵活度。

【动作要领】右手伸直撑地，左手放在头后，呈俯身跪姿，背部保持平直；以胸椎为轴，头部及躯干向右旋转，保持髋关节及下肢稳定，至左肘碰到右臂；头部及躯干向左旋转，目视上方，至躯干前部感到中等程度的牵拉为止；保持2秒后回位至起始姿势。以规定次数重复动作，对侧同按此示。如图5-25所示。

【训练安排】每侧各6~8次，完成5~6组。

图 5-25　跪撑胸椎旋转

6. 脚后跟坐姿（泡沫轴）—胸部灵活度牵拉

【练习目的】增加胸椎灵活度。

【动作要领】坐于小腿上，呈俯身跪姿，背部保持平直，左手自然放在头后，右臂伸直置于泡沫轴上，目视地面；以胸椎为轴，头部及躯干向左旋转，目视上方，保持髋关节及下肢稳定，至躯干前部感到中等程度的牵拉为止；保持2秒后回位至起始姿势。以规定次数重复动作，对侧同按此示。如图5-26所示。

【训练安排】每侧各 6~8 次,完成 5~6 组。

图 5-26　脚后跟坐姿(泡沫轴)—胸部灵活度牵拉

7. 跪撑背阔伸展

【练习目的】牵拉背阔肌,增加脊柱伸展性。

【动作要领】俯身跪姿,双臂屈曲,将前臂置于泡沫轴上,双臂逐渐滚动泡沫轴向前伸展,使双臂与背部呈一条直线,至上背部感到中等程度的牵拉为止;保持 2 秒后回位至起始姿势。重复动作至规定次数。如图 5-27 所示。

【训练安排】练习 6~8 次,完成 5~6 组。

图 5-27　跪撑背阔伸展

8. 跪撑胸部伸展

【练习目的】增加脊柱伸展性。

【动作要领】双手伸直撑地,与肩同宽,呈俯身跪姿,两脚脚尖撑地;收腹吸气,将腰背部尽可能地向上方顶起;放松腹部时呼气,腰背部恢复到正常的生理弯曲;保持 2 秒后回位至起始姿势。重复动作至规定次数。如图 5-28 所示。

【训练安排】练习 6~8 次,完成 5~6 组。

图 5-28　跪撑胸部伸展

9. 抱膝前进

【练习目的】牵拉后腿一侧的髋关节屈肌、前腿一侧的腘绳肌和臀大肌,兼顾提高锻炼者的平衡能力。

【动作要领】正常站位,呈直立姿,左腿向前迈一步,呈运动分腿姿;右脚尖勾起,右膝抬至胸前,双手抱膝向上提拉,收紧左臀,同时左脚后脚跟跷起,保持背部平直,牵拉保持1~2秒;右腿向前迈一步,重复上述动作,左右侧交替进行,直至完成规定次数。在拉伸过程中收紧支撑腿一侧的臀大肌,并始终保持胸背部平直。如图5-29所示。

【训练安排】每侧各6~8次,完成5~6组。

图 5-29 抱膝前进

10. 斜抱腿(摇篮抱腿)

【练习目的】牵拉后腿髋关节屈肌和前腿髋关节外侧肌群。

【动作要领】腹部收紧,抬头挺胸,正常站位,呈直立姿,左腿向前迈一步,呈运动分腿姿;右膝抬至胸部,左手抱脚踝呈"摇篮"状,右手抬膝,左手用力向上抬,同时收缩左腿臀大肌,左脚跟跷起,牵拉保持1~2秒;向前迈右腿,重复上述动作,左右侧交替进行,直至完成规定次数。在拉伸过程中收紧支撑腿一侧的臀大肌,并始终保持胸背部平直。如图5-30所示。

【训练安排】每侧各6~8次,完成5~6组。

图 5-30 斜抱腿(摇篮抱腿)

11. 侧弓步移动

【练习目的】牵拉腹股沟及大腿内侧肌群。

【动作要领】正常站位,呈直立姿,腹部收紧,背部挺直,双臂垂于身体两侧;右脚迈出呈侧弓步,保持左腿伸直、脚尖向前,同时身体重心移至右腿上,牵拉保持1~2秒;换一侧重复上述动作,直至完成规定次数。在拉伸过程中始终保持脚尖向前,且膝关节不要超过脚尖,保持胸部和背部平直。如图 5-31 所示。

【训练安排】每侧各 6～8 次,完成 5～6 组。

图 5-31　侧弓步移动

12. 向后弓步＋旋转

【练习目的】牵拉臀大肌、髋关节屈肌和腹内外斜肌,增加胸椎活动度。

【动作要领】正常站位,呈直立姿,右脚向后跨步呈弓步分腿姿,保持左侧大腿与地面平行;放松躯干,右手置于左腿膝关节外侧,左臂向身体后方外展,同时躯干慢慢向左旋转至最大幅度,牵拉保持 1～2 秒。换一侧重复上述动作,直至完成规定次数。牵拉时收紧后腿一侧的臀大肌,前腿膝关节不要超过脚尖。如图 5-32 所示。

【训练安排】每侧各 6～8 次,完成 5～6 组。

图 5-32　向后弓步＋旋转

13. 相扑式深蹲

【练习目的】牵拉腘绳肌和大腿内侧。

【动作要领】正常站位,腹部收紧,背部挺直,双臂垂直于身体两侧,双脚略宽于肩,下蹲,双手置于脚尖。臀部向上抬起,直到腘绳肌感到牵拉,保持背部平直,持续1~2秒。在拉伸过程中注意肘关节在膝盖内侧,脚后跟不要离地,保持胸部和背部平直。如图5-33所示。

【训练安排】每组6~8次,完成5~6组。

图 5-33 相扑式深蹲

14. 手脚走

【练习目的】牵拉小腿腓肠肌与大腿腘绳肌等肌群,兼顾躯干稳定练习。

【动作要领】两脚与肩同宽,正常站位,呈直立姿,双腿伸屈髋直,双手撑地;双手向身体前方爬行,感觉大腿后侧肌肉始终有牵拉感,双手爬至头前方至最远处;双脚走向双手,保持双腿伸直,当感到牵拉时,双手向前走,以此重复完成规定的次数。在拉伸过程中注意保持膝盖伸直,腹部收紧,肩与躯干发力,手走的距离可超过头顶以增加难度。如图5-34所示。

【训练安排】每侧各6~8次,完成5~6组。

图 5-34 手脚走

15. 反向腘绳肌拉伸(燕式平衡)

【练习目的】牵拉腘绳肌,兼顾平衡练习。

【动作要领】腹部收紧,背部平直,呈直立姿,单腿站位,左脚抬离地面,手掌半握,大拇指朝上,双臂侧平举垂直于身体;双手大拇指始终朝上,左侧臀部收紧,控制身体平衡,俯身并向后抬高左腿,保持头部与脚踝呈一条直线,直至身体平行于地面,牵拉保持1~2秒;收紧腘绳肌和臀大肌回到站立位置,换另一侧腿,重复上述动作,两侧循环,直至完成规定次数。在拉伸过程中注意保持髋关节平行于地面,背部挺直,保持支撑腿微屈,保持脚踝、膝盖、臀部和耳呈一条直线。如图5-35所示。

【训练安排】每侧各6~8次,完成5~6组。

图5-35　反向腘绳肌拉伸(燕式平衡)

16．单腿站立股四头肌拉伸

【练习目的】牵拉股四头肌等肌群。

【动作要领】腹部收紧,背部平直,双脚与肩同宽,正常站位,呈直立姿;左手抓住左脚踝,脚跟接触臀部,右腿微屈,上举右臂,同时左脚踝跷起向上伸展,左手用力拉伸左腿股四头肌,牵拉持续1~2秒。换另一侧,重复上述动作,直至完成规定次数。在拉伸过程中注意不要过度伸展下腰背,牵拉时保持臀大肌收紧,保持膝盖朝向地面。如图5-36所示。

【训练安排】每侧各6~8次,完成5~6组。

图5-36　单腿站立股四头肌牵拉

17．最伟大的拉伸

【练习目的】牵拉臀大肌、腘绳肌、髋关节屈肌、腹股沟、腓肠肌肌群。

【动作要领】腹部收紧,背部平直,两脚比肩宽稍窄,窄站位,呈直立姿,双臂垂于身体两侧;抬高左腿至大腿与地面平行,向前跨步做弓箭步,保持右侧臀部收紧;右手支撑地面俯身,左肘抵向左脚的内侧地面,牵拉保持 1~2 秒;左手从左腿内侧向上伸展打开,两臂呈直线,牵拉保持 1~2 秒;双手撑地,左脚尖用力绷起,脚跟支撑,左腿从屈膝状态伸直,牵拉保持 1~2 秒;还原,回到弓步姿势,左腿蹬起回到起始站位,呈直立姿。换另一侧,重复上述动作,直至完成规定次数。如图 5-37 所示,由动作(1)到动作(8)。

【训练安排】练习 6~8 次,完成 5~6 组。

图 5-37 最伟大的拉伸

18. 仰卧髋外展

【练习目的】牵拉大腿内侧肌群。

【动作要领】呈仰卧姿,双手自然放于地面,头部及躯干贴紧地面,双腿屈髋屈膝,右侧髋关节外展,贴近地面,至大腿内侧肌群感到中等程度的牵拉为止;保持 2 秒后回位至起始姿势。以规定次数重复动作,对侧同按此示。如图 5-38 所示。

【训练安排】每侧各 6~8 次,完成 5~6 组。

图 5-38 仰卧髋外展

19. 侧卧屈髋肌群和股四头肌拉伸

【练习目的】牵拉屈髋肌群和股四头肌。

【动作要领】呈右侧卧姿,左手握住右腿踝关节,左腿屈髋屈膝抬离地面,头枕于右臂之上;左手将左踝关节向后拉,带动左大腿向后拉动,至屈髋肌群和股四头肌感到中等程度的牵拉为止;保持 2 秒后回位至起始姿势,以规定次数重复动作,对侧同按此示。如图 5-39 所示。

【训练安排】每侧各 6~8 次,完成 5~6 组。

图 5-39 侧卧屈髋肌群和股四头肌拉伸

20. 半跪姿屈髋肌群和股四头肌拉伸

【练习目的】牵拉屈髋肌群和股四头肌。

【动作要领】左腿在前,右腿在后,呈前后分腿跪姿,左手伸直上举,右手握住左腿踝关节;右手将左踝拉向臀部,背部保持平直,身体逐渐前移,至屈髋肌群和股四头肌感到中等程度的牵拉为止;保持 2 秒后回位至起始姿势,以规定次数重复动作,对侧同按此示。如图 5-40 所示。

【训练安排】每侧各 6~8 次,完成 5~6 组。

图 5-40 半跪姿屈髋肌群和股四头肌拉伸

21. 仰卧屈膝腘绳肌拉伸

【练习目的】牵拉腘绳肌。

【动作要领】呈仰卧姿,左腿屈髋屈膝呈90°,右腿自然放于地面,双手环抱于左大腿后侧;主动伸直左侧膝关节的同时保持左踝背屈,至腘绳肌感到中等程度的牵拉为止;保持2秒后回位至起始姿势,以规定次数重复动作,对侧同按此示。如图5-41所示。

【训练安排】每侧各6~8次,完成5~6组。

图 5-41　仰卧屈膝腘绳肌拉伸

22. 俯身小腿拉伸

【练习目的】牵拉腓肠肌。

【动作要领】双手伸直撑于地面,呈俯手撑姿,左腿屈膝,左脚搭于右侧小腿上,右脚尖撑地,右腿伸直;右侧脚后跟缓慢着地,同时保持右腿伸直,至腓肠肌感到中等程度的牵拉为止;保持2秒后回位至起始姿势,以规定次数重复动作,对侧同按此示。如图5-42所示。

【训练安排】每侧各6~8次,完成5~6组。

图 5-42　俯身小腿拉伸

第六章 动作模式

第一节 动作模式概述

"动作模式"英文为"Sports is movements."即一切体育的本质就是动作模式,可理解为:"动作模式是一切运动能力和技战术的基础载体,最终决定运动员的运动表现。"

格雷·库克在其著作《动作——功能动作训练体系》中提出:动作模式是决定一个运动员优秀与否的根本因素,作为一切体育运动的最细微组成单元,成为体育运动训练中的奠基石。格雷·库克认为,机体完成一个动作需要多个神经肌肉的协调配合,这种固定的协调配合称之为动作程序,而每一个动作程序对应相应的动作模式,当大脑向机体发送运动讯号时,机体就会迅速反馈出对应运动模式的讯息,从而使得运动模式的自动化、经济化效果达到最大。

从解剖学角度看,动作模式是指空间和时间维度上所具备共同元素的一系列整体解剖动作。从生理学神经肌肉控制的角度分析,动作模式是在中枢神经系统支配下,肌肉、筋膜及关节等系统共同对预先储存在大脑中相应动作程序执行的过程,按照一定时间和空间顺序进行。从动作模式的目的和形式看,它是有效完成某一动作的具体方法。

因此,动作模式可以归纳为人体为适应内外部刺激,多系统互相配合执行动作程序的过程,其内在本质是神经痕迹,形成机制是协调模式,外在表现是单个或多重单个动作。然而,人类的身体非常精妙复杂,能够完成的动作不计其数。为了更好地梳理人类运动系统,建立更完整、科学、清晰的动作框架,我们从动力链和功能性的角度,将人体动作划分为以下10个基本的动作模式,如表6-1所示。

表6-1 人体基本动作模式

名称	主要功能
蹲起	通过臀部和腿部肌群的发力,使自身重心和外物上下移动。如由坐凳子到站立姿、深蹲训练等
弓箭步	通过腿部和臀部肌群的发力,使两腿分开一定间距而进行的动作。如上楼梯、弓箭步走练习等
步态	通过支撑腿和摆动腿的交替变换,使得身体移动。如行走、跑步等
体屈	通过核心肌群,特别是下背肌群的等长收缩维持躯干稳定,为上肢的动作提供支点。如体前屈、弯腰捡东西、腰背提拉等
体转	通过核心肌群的发力和对下肢力量的传导,使得上下肢的相对位置发生变化,同时操控外物进行水平方向的移动。如转身拿东西、投掷、挥杆挥拍等

续表

名称	主要功能
推撑	通过胸部和肩部肌群的发力,使外物远离自身。如推门或撑起身体,运动训练中的俯卧撑练习等
伸举	通过上肢肌群发力,将物体举至头部上方及两侧的动作。如举放东西、上举练习等
提拉	通过背部与腿部肌群的发力,拉近自身与外物的距离。如提起包裹、硬拉练习等
翻滚	通过上肢、核心、下肢整体配合完成,是全身肌肉关节的联合动作模式。如翻身、游泳等
爬行	身体呈水平或垂直位,主要通过手、足配合向特定方向活动。如攀岩、动物爬行训练等

从运动技能角度分析,复杂的运动技术是由单一的基本动作组成。通过对运动技术进行分解,分析其技术结构、发力特点、动作模式。在运动训练和身体锻炼过程中,通过对动作模式进行练习,锻炼肌肉,优化动作结构。正确运动模式的建立可以使锻炼者正确地认识和使用自己的身体,评估关节功能以及预防运动损伤。

第二节 上肢动作模式

本节内容选取大学生体育锻炼中常用的上肢练习动作,为大学生介绍实用的力量练习方法。

在训练过程中,锻炼者可按照由稳定状态到非稳定状态、由易到难的原则进行安排。锻炼者可根据自身情况选用相应的动作、负荷等。

1. 杠铃卧推

【练习目的】主要发展胸肌、手臂和肩部力量。

【动作要领】仰卧于练习凳上,两手握住杠铃,保持双脚触地,躯干、肩部和臀部贴紧练习凳,缓慢降低杠铃于胸部,利用胸肌、肩部以及手臂肌肉同时发力推起杠铃。如图 6-1 所示。

【训练安排】每组 8~12 次,练习 2~3 组,组间间歇 1 分钟。

图 6-1 杠铃卧推

2. 坐姿杠铃颈前推举

【练习目的】主要锻炼三角肌、肱三头肌等上肢力量。

【动作要领】双脚自然分开,坐在练习凳上,身体竖直,双手比肩稍宽,正握持杠铃,将杠铃置于颈前,肘关节垂直向上快速推举杠铃。推举时,避免身体后仰,保持躯干稳定。如图 6-2 所示。

【训练安排】每组 8~12 次,练习 2~3 组,组间间歇 1 分钟。

图 6-2　坐姿杠铃颈前推举

3. 瑞士球壶铃上举

【练习目的】主要锻炼胸肌、背阔肌、腹直肌力量。

【动作要领】背靠瑞士球,躺于垫上,双手持壶铃于胸前,腰部挺直,保持臀部悬空,挺髋,双臂上举壶铃,还原。如图 6-3 所示。

【训练安排】每组 8~12 次,练习 2~3 组,组间间歇 1 分钟。

图 6-3　瑞士球壶铃上举

4. 俯卧上举壶铃

【练习目的】主要锻炼胸肌、三角肌、斜方肌、冈上肌力量。

【动作要领】两腿自然分开,脚尖撑地,俯卧于瑞士球上,身体重心稳定,胸部贴球,肩部稍超出,背部肌肉紧张,持壶铃直臂侧平举,然后直臂经体侧做头前举。如图 6-4 所示。

【训练安排】每组 8~12 次,练习 2~3 组,组间间歇 1 分钟。

图 6-4　俯卧上举壶铃

5. 交替卧推

【练习目的】主要锻炼肱三头肌、肱二头肌力量。

【动作要领】双手各持一个壶铃,仰卧于垫上,双臂交替上举壶铃,上举时手臂伸直,躯干稍微转动,慢放快举。如图 6-5 所示。

【训练安排】每组 8~12 次,练习 2~3 组,组间间歇 1 分钟。

图 6-5 交替卧推

6. 俯身臂屈伸

【练习目的】主要锻炼肱三头肌、肩部力量。

【动作要领】半蹲姿站立,单手握住壶铃,弯曲手臂,另侧手扶瑞士球保持身体平衡;向后方提起壶铃,前臂平行于地面并保持 2~3 秒,左右手交替进行。如图 6-6 所示。

【训练安排】每组 8~12 次,练习 2~3 组,组间间歇 1 分钟。

图 6-6 俯身臂屈伸

7. 双臂壶铃摆举

【练习目的】主要锻炼三角肌、背阔肌、胸肌、肱三头肌、肱二头、斜方肌力量。

【动作要领】双手持壶铃于双腿之间,半蹲姿站立,背部保持平直,上体自髋部前倾,手臂伸直,向后摆动壶铃,然后伸展髋、膝、踝三个关节,向前摆动壶铃至与胸部同高。如图 6-7 所示。

【训练安排】每组 8~12 次,练习 2~3 组,组间间歇 1 分钟。

图 6-7 双臂壶铃摆举

8. 肩上推举

【练习目的】主要锻炼肱三头肌、斜方肌、背阔肌力量。

【动作要领】背部挺直,持壶铃于肩部并坐于瑞士球上,将壶铃从肩膀位置快速上推至手臂伸直,慢放快举。如图6-8所示。

【训练安排】每组8~12次,练习2~3组,组间间歇1分钟。

图6-8　肩上推举

9. 屈臂—直臂横拉

【练习目的】主要锻炼肱三头肌力量。

【动作要领】双臂抬起,大臂固定小臂后屈,肘关节靠近头部两侧,两脚前后开立,两手在头后握弹力带;缓慢向前上方牵拉弹力带,保持躯干稳定,直至两手臂拉直,静止1~2秒后,缓慢还原。如图6-9所示。

【训练安排】1~2秒完成1次动作,每组12次,练习3~5组,组间间歇1分钟。

图6-9　屈臂-直臂横拉

10. 屈臂—直臂上拉

【练习目的】主要锻炼三角肌后部、肱三头肌、背阔肌力量。

【动作要领】两脚前后开立,两手分别抓住弹力带的一端,前脚踩在弹力带中部,屈臂体侧弯举;躯干保持固定,掌心相对,肩部用力缓慢拉起弹力带,静止1~2秒后,缓慢还原。如

图6-10所示。

【训练安排】1～2秒完成动作,3秒还原。每组12次,练习3～5组,组间间歇1分钟。

图6-10 屈臂—直臂上拉

11. 瑞士球俯卧撑

【练习目的】主要锻炼胸部、手臂力量,间接锻炼肩部、腹部和背部力量。

【动作要领】脚尖着地,背部绷紧,双手直臂撑球并挺直身体呈直线,双臂做俯卧撑,注意身体保持平直姿势和呼吸节奏。如图6-11所示。

【训练安排】每组15～20次,练习3～4组,组间间歇1分钟。

图6-11 瑞士球俯卧撑

12. 俯卧撑两手间传接球

【练习目的】主要锻炼胸部、手臂力量,间接锻炼肩部、腹部和背部力量。

【动作要领】右手按压在实心球上,呈俯卧撑姿势,躯干稳定,俯卧撑推起时将实心球向左手推,同时快速将身体推起,快起慢下,注意始终保持身体稳定和挺直。如图6-12所示。

【训练安排】每组10次,练习3组,组间间歇2分钟。

图6-12 俯卧撑两手间传接球

13. 下肢实心球支撑俯卧撑

【练习目的】主要锻炼胸部、手臂力量,间接锻炼肩部、腹部和背部力量。

【动作要领】两手撑地,脚尖分别置于实心球上,两脚分开,形成俯撑姿势,腹部收紧,身体挺直,屈上臂的过程中放慢速度,推起时爆发迅速完成俯撑动作。如图 6-13 所示。

【训练安排】每组 10 次,练习 3 组,组间间歇 2 分钟。

图 6-13　下肢实心球支撑俯卧撑

14. 原地站立悬吊带俯卧撑

【练习目的】主要锻炼胸大肌、三头肌、前锯肌、竖脊肌力量。

【动作要领】两脚并拢,双手分别握住悬吊环,俯卧直臂支撑,压身体,缓慢屈体,呈俯卧动作后直臂还原,在整个动作过程中始终保持腿部不要发力。如图 6-14 所示。

【训练安排】每组 15 次,练习 5 组,组间间歇 1 分钟。

图 6-14　原地站立悬吊带俯卧撑

第三节　下肢动作模式

下肢动作模式包含下肢推、下肢拉的动作模式,分别以髋关节和膝关节为轴。

一、基本姿势

下肢动作模式的基本姿势主要包括站姿、蹲姿、深蹲、侧向分腿蹲和前后分腿蹲等。

1. 站姿

两脚开立,略宽于肩或与肩同宽,目视前方,两手自然放在身体两侧,肩部放松,躯干保持挺直姿势,稍微收腹,脚尖向前,保持踝、膝、髋、肩、头在一个平面内。

图 6-15　站姿

2. 蹲姿

两脚开立，略宽于肩，上体稍前倾，双手叉腰或置于身体两侧，收腹，臀大肌收紧，下蹲的同时，双手下滑，手掌放置膝盖上，膝关节不超过脚尖，躯干与小腿保持平行。如图 6-16 所示。

图 6-16　蹲姿

3. 深蹲

两脚开立，略宽于肩或与肩同宽，身体前倾，双手放在体前与地面平行（或叉腰），收腹，大肌收紧，大腿与地面平行，膝关节不超过脚尖，两脚尖向前。如图 6-17 所示。

图 6-17　深蹲

4. 侧向分腿蹲

两脚尖向前,弯曲的支撑腿大腿与地面平行且与小腿呈 90°,另一支撑腿侧向伸直,躯干竖直,收腹。如图 6-18 所示。

图 6-18　侧向分腿蹲

5. 前后分腿蹲

前支撑腿的大腿与地面平行且与小腿呈 90°,后支撑腿的膝关节弯曲夹角约为 90°,两脚脚尖向前,躯干挺直,收腹。如图 6-19 所示。

图 6-19　前后分腿蹲

二、下肢推动作模式

下肢推动作是通过髋、膝关节的屈伸将自身和负重推离身体重心的动作。在练习过程中,锻炼者应遵循由简单至复杂的原则,即从多点支撑过渡到单点支撑,从稳定状态过渡到不稳定状态,从徒手练习过渡到负重练习,并注重多关节、多平面的动作训练。

1. 下蹲

【练习目的】主要锻炼臀大肌、股四头肌、股后肌群力量。

【动作要领】站立姿势准备,屈髋屈膝半蹲或深蹲;臀部、腿部发力将身体向上推起呈站立姿势。如图 6-20 所示。

【训练安排】每组 10～15 次,练习 3～6 组,组间间歇 1 分钟。

图 6-20 下蹲

2. 弹力带深蹲(或半蹲)

【练习目的】主要锻炼臀部、股后肌群、大腿前部肌群力量。

【动作要领】双手握住弹力带,双脚踩住弹力带呈深蹲(或半蹲)姿势;两腿蹬地牵拉弹力带呈站立姿势。如图 6-21 所示。

【训练安排】根据需要设置负重,每组 8~10 次,练习 3~6 组,组间间歇 1 分钟。

图 6-21 弹力带深蹲(或半蹲)

3. BOSU 球下蹲

【练习目的】主要锻炼臀部、股后肌群、大腿前部肌群力量。

【动作要领】单腿站立在 BOSU 球上,缓慢下蹲,另一侧腿伸直并脚尖勾起,悬空于身体前方并紧靠支撑腿,支撑腿蹬伸站立。如图 6-22 所示。

【训练安排】每组 3~6 次,练习 3~6 组,组间间歇 1 分钟。

图 6-22　BOSU 球下蹲

4. 哑铃(或壶铃)单腿蹲

【练习目的】主要锻炼臀部、股后肌群、大腿前部肌群力量。

【动作要领】单腿站立姿起始,两手各持哑铃置于肩部上方,缓慢下蹲,另一侧腿伸直并脚尖勾起,悬空于身体前方并紧靠支撑腿,支撑腿蹬伸站立。如图 6-23 所示。

【训练安排】每组 3～6 次,练习 3～6 组,间歇 1 分钟。

图 6-23　哑铃(或壶铃)单腿蹲

5. BOSU 球哑铃(或壶铃)单腿蹲

【练习目的】主要锻炼股后肌群、臀大肌、大腿前部肌群力量。

【动作要领】单腿站立于 BOSU 球上,两手各持哑铃置于肩部上方,缓慢下蹲,另一侧腿伸直并脚尖勾起,悬空于身体前方并紧靠支撑腿,支撑腿蹬伸站立。如图 6-24 所示。

【训练安排】根据需要设置负重,每组 6～8 次,练习 3～6 组,间歇 1 分钟。

图 6-24　BOSU 球哑铃（或壶铃）单腿蹲

三、下肢拉动作模式

下肢拉动作是通过髋、膝关节的屈伸将自身和负重拉向身体重心的动作。在练习过程中，锻炼者应遵循由简单至复杂的原则，即从多点支撑过渡到单点支撑，从稳定状态过渡到不稳定状态，从徒手练习过渡到负重练习，并注重多关节、多平面、本体感受性训练。

1. 直立单腿提拉

【练习目的】主要锻炼屈髋肌群力量。

【动作要领】单腿站立于地面，单脚脚尖钩住迷你带，另一侧脚踩住迷你带以固定；屈髋发力牵拉弹力带至大腿与地面平行，停顿数秒后还原到初始姿势。如图 6-25 所示。

【训练安排】根据需要设置负重，每组 10～15 次，练习 3～6 组，组间间歇 1 分钟。

图 6-25　直立单腿提拉

2. 杠铃（或哑铃）硬拉

【练习目的】主要锻炼股后肌群、臀部、大腿前部肌群力量。

【动作要领】站立姿双手持握杠铃于髋前，缓慢屈髋略微屈膝，伸髋蹬地将杠铃上提，保持躯干竖直，还原呈准备姿势。如图 6-26 所示。

【训练安排】根据需要设置负重，每组 6～10 次，练习 3～6 组，组间间歇 1 分钟。

图 6-26　杠铃(或哑铃)硬拉

3. 单腿罗马尼亚硬拉

【练习目的】主要锻炼股后肌群、臀大肌力量。

【动作要领】支撑腿单腿站立,屈髋使另一侧腿后伸与身体呈直线,双手叉腰(或前平举);支撑腿蹬伸使身体直立,还原呈初始姿势。如图 6-27 所示。

【训练安排】每组 3～6 次,练习 3～6 组,组间间歇 1 分钟。

图 6-27　单腿罗马尼亚硬拉

4. 膝关节主导—仰卧屈膝

【练习目的】主要锻炼股后肌群、臀部肌群。

【动作要领】肩部着地,仰卧于垫上,两手置于胸前,脚后脚跟置于悬吊带上,髋部挺起并使膝、肩、髋关节处于同一平面上;屈膝回拉悬吊带,臀大肌保持收紧,充分挺髋。如图 6-28 所示。

【训练安排】每组 8～10 次,练习 3～6 组,组间间歇 1 分钟。

图 6-28　膝关节主导—仰卧屈膝

第七章　快速伸缩复合练习

快速伸缩复合练习是指在运动过程中使主要肌肉群进行离心收缩后立即进行向心收缩的一种练习手段,能够使肌肉在最短时间内发挥最大力量的练习。其主要通过预先拉长肌肉、反向运动、助力运动等方式,利用肌肉和肌腱的弹性势能以及牵张反射,实现更加快速、有力的向心运动。

第一节　快速伸缩复合练习概述

快速伸缩复合练习的理论基础和核心是拉长-收缩周期(Stretch-Shortening Cycle,SSC)。SSC模型结合了力学和神经生理学机制,展示了一个快速的肌肉离心收缩不仅激活了牵张反射,还储存了弹性势能,使随后进行的向心收缩更加有力的原理。快速伸缩复合练习的原理还与力学机制以及生理学机制有关。

拉长-收缩周期包含了在短时间内增加肌肉募集的反射刺激以及串联弹性组分的能量储存,其中分为三个阶段:第一阶段是离心收缩,第二阶段是处于离心阶段和向心阶段之间的过渡阶段,第三阶段是向心收缩。

快速伸缩复合练习的力学机制主要涉及两个方面,一是肌肉的预拉长。在完成快速伸缩复合练习动作时,主动肌被充分拉长,处于最适初长度,活化的横桥数目更多,能产生更多的能量与肌动蛋白相结合,促使肌纤维缩短,提高肌肉收缩的能力。二是肌肉弹性势能。弹性势能的产生是由肌肉牵拉的速度和长度决定的,弹性势能的再利用是由离心-向心收缩的耦联时间决定的。肌肉结缔组织和肌腱被拉长伸展,并将弹性势能储存起来,在随后的向心收缩时"贡献"出来,转化为机械能做功。

快速伸缩复合练习的生理学机制主要涉及两个方面。一是牵张反射。肌肉被拉长时会引发肌肉反射性的收缩以避免过度拉伸。这种保护机制,可以强化主动肌的活动,增加肌肉功率输出。二是神经肌肉募集增加。离心收缩产生的神经冲动强,单位时间内所能激活的运动单位多,就能募集更多的肌纤维参与运动,在向心收缩时,就会产生更大的肌肉力量和更快的收缩速度。

在快速伸缩复合练习中,肌腱拉长的速度至关重要。拉长的速度越快,肌肉募集程度越高,向心收缩阶段的力量就越强。

第二节　快速伸缩复合练习方法

快速伸缩复合练习按照身体部位可分为上肢练习、下肢练习和躯干练习,常见练习如表 7-1 所示。在快速伸缩复合练习的常见方法和手段中,单腿跳是下肢经典的练习动作,头上扔球是上肢经典的练习动作,俄罗斯旋转抛接药球是躯干经典的练习动作。在三种部位的练习中,下肢的快速伸缩复合练习是最普遍的,几乎适用于所有的运动项目,本节内容也主要以介绍下肢的快速伸缩复合练习为主,而上肢和躯干相关的快速伸缩复合练习,以介绍药球练习为主。

表 7-1　快速伸缩复合练习常见方法和手段

练习部位	类型	练习手段
上肢	推撑	深幅推撑、爆发式俯卧撑、击掌俯卧撑、背后击掌俯卧撑、腾空挺身俯卧撑
	拉	高位下拉、弹力带上拉、弹力带下拉、头顶传药球、引体向上(中)、宽/窄距引体向上(中)、坐姿划船(中)等
下肢	原地跳	蛙跳、双脚蹬踝跳跃、起跳摸高、双脚屈膝跳、循环式分腿蹲跳、单脚屈膝跳、直膝屈身跳、深蹲跳、半蹲跳、双腿收腹跳、单臂换腿跳、弓步屈体分腿跳、双腿抱膝跳、单腿纵跳、单腿抱膝跳、单腿收腹跳
	站立跳	双脚垂直跳、跳跃障碍、单脚跳跃障碍、单脚垂直跳
	多次蹦跳与跳跃	双脚蹦跳、双脚 Z 形蹦跳、单脚蹦跳、向前跳跃障碍、侧向跳跃障
	跨跳	跨步跳爆发性、跨步跳、向后跨步跳、单手换脚跨跳、双手换脚跨跳
	跳箱法	单脚推蹬、换脚推蹬、换脚推蹬、侧边推蹬、两侧推蹬、跳上跳箱、屈蹲跳箱、侧边跳箱、跳下跳箱
	跳深法	跳深、跳深后跳向第二跳箱、屈蹲跳深、跳深加侧移、跳深加立定跳远、单脚跳深
	掷	胸前传药球、双手过顶掷药球、跪式传药球、双手侧掷药球、单手掷药球、药球砸地
躯干	屈与伸	45°仰卧起坐、山羊挺身、俄罗斯旋转抛接药球

快速伸缩复合练习的下肢练习由双脚跳、交换跳、单脚跳三种基本跳跃方式组成。其中,最简单的是双脚跳,特征为双脚落地支撑,是一种承受地面反作用最小的练习,强度最小;交换跳的特征是两条腿交替落地支撑并随后蹬地起跳,交换跳的强度比双脚跳大,落地时在两条腿之间轮换;单脚跳强度最大,落地支撑时力量始终集中在一条腿上。三种运动方式是从稳定的站立基础逐渐过渡到不稳定的过程,形成一定的难易进阶序列。在跳跃方向上,分为纵向、横向和旋转三类,难易程度也逐级增加。

一、上肢快速伸缩复合练习

1. 胸前推球—面向墙壁

【练习目的】提高上肢动作的力量与爆发力,有助于增强肩关节的稳定性,强化胸大肌和肱三头肌的弹性力量,提升力的产生速率,提高身体的稳定性。

【动作要领】以跪姿/分腿蹲姿准备,面向墙壁,躯干与墙面保持1米距离,双手持药球于胸前,手臂伸直。将药球拉至胸前,尽可能用最大力量快速向墙壁推出药球;当药球反弹至手时,抓住药球,回到起始姿势,重复规定的次数。如图7-1所示。注意:双手同时发力将药球推向墙壁时,接球的位置不要太靠近胸部;连续推球时,药球不要在胸前停留;始终保持标准的身体姿势,背部挺直,腹部收紧;动作完成连贯,没有停顿。除了单个动作,该练习也可以连续做,中间没有停歇。

【训练安排】每组6~8次,练习3~4组,组间间歇2~3分钟。

图7-1 胸前推球—面向墙壁

2. 胸前推球—仰卧姿

【练习目的】提高上肢动作的力量与爆发力,有助于增强肩关节的稳定性,强化胸大肌和肱三头肌的弹性力量,提升力的产生速率,提高身体的稳定性。

【动作要领】仰卧于地面,双手持球在胸前,尽可能用最快速度将药球推至最高点。等药球落下,练习者主动接药球,放至胸前。回到起始姿势,重复规定次数。如图7-2所示。注意:接药球的位置不要太靠近胸部;连续推球时,药球不要在胸前停留;需始终集中注意力,动作完成连贯,没有停顿。

【训练安排】每组6~8次,练习3~4组,组间间歇2~3分钟。

图 7-2　胸前推球—仰卧姿

3. 头上扔球—直立伸髋双膝跪姿

【练习目的】提高上肢动作的力量与爆发力,有助于增强肩关节的稳定性,强化肱三头肌的弹性力量,提升力的产生速率,提高身体的稳定性。

【动作要领】以跪姿/分腿蹲姿准备,面向墙壁,躯干与墙面保持 1 米距离,双手持药球于头上,手臂弯曲。将药球拉至头后,尽可能用最大力量快速向墙壁扔出药球;当药球反弹至手时,抓住药球,回到起始姿势,重复规定的次数。如图 7-3 所示。注意:接球的位置不要太靠近胸部;由于躯干与墙壁距离较近,每次药球反弹回来的速度较快,做好连续快速砸药球的准备;始终保持标准的身体姿势,背部挺直,腹部收紧;动作完成连贯,没有停顿。

【训练安排】每组 6~8 次,练习 3~4 组,组间间歇 2~3 分钟。

图 7-3　头上扔球—直立伸髋双膝跪姿

4. 平行扔球

【练习目的】提高躯干旋转动作的力量与爆发力,有助于发展及强化髋部和躯干的弹性力量,提升力的产生速率,提高身体的平衡能力和稳定性。

【动作要领】以前后分腿单膝跪姿/分腿蹲姿准备,面向墙壁,躯干与墙面保持 0.6~1.2 米距离,双手持药球于腰前,手臂屈肘。向身体的后方旋转躯干,把药球拉向髋部后侧;通过髋部发力,带动躯干、肩部、手臂,把动力传递到药球上,尽可能用最大力量快速将药球扔向墙壁;接球时,微屈手臂,一只手放在药球的下方,另一只手放在药球的后方,回到起始姿势,重复规定次数,对侧亦然。如图 7-4 所示。注意:通过髋部发力扔球,扔向墙壁的药球呈一条直线;始终保持标准的身体姿势,背部挺直,腹部收紧;动作完成连贯,没有停顿。

【训练安排】每组 6~8 次,练习 3~4 组,组间间歇 2~3 分钟。

图 7-4 平行扔球

5. 垂直扔球

【练习目的】提高躯干动作的力量与爆发力,有助于发展及强化髋部和躯干力量,提升力的产生速率,提高身体的平衡能力和稳定性。

【动作要领】以单膝跪姿/分腿蹲姿准备,侧向墙壁,躯干与墙壁保持1米距离,双手持药球于腰前,手臂屈肘。向身体的后方旋转躯干,把药球拉向髋部后侧;通过髋部发力,带动躯干、肩部、手臂,把动力传递到药球上,尽可能用最大力量快速将药球扔向墙壁;接药球时,微屈手臂,一只手放在药球的下方,另一只手放在药球的后方,回到起始姿势,重复规定的次数,对侧亦然。如图7-5所示。注意:通过屈膝屈髋,可以增大动作的幅度,提升扔药球的力量和出手速度;通过髋部发力扔药球,扔向墙壁的药球呈一条直线;始终保持标准的身体姿势,背部挺直,腹部收紧;动作完成连贯,没有停顿。

【训练安排】每组6~8次,练习3~4组,组间间歇2~3分钟。

图 7-5 垂直扔球

6. 过顶砸球

【练习目的】提高上肢动作的力量与爆发力,有助于增强肩关节的稳定性,强化肱三头肌的弹性力量,提升力的产生速率,提高身体的稳定性。

【动作要领】以直立姿准备,双手持药球于腰前,手臂屈肘。拉长腹部,将药球向体前上举过头,最终举至头后,通过髋部发力,带动躯干、肩部、手臂,把动力传递到药球上,尽可能用最大力量快速向身体前面的地面砸出药球;当药球反弹至手时,抓住药球,回到起始姿势,重复规定次数。如图 7-6 所示。注意:充分拉长腹部后,双手同时发力将药球砸下地面;在下砸过程中,保持髋关节在高位;始终保持标准的身体姿势,背部挺直,腹部收紧;动作完成连贯,没有停顿。

【训练安排】每组 6~8 次,练习 3~4 组,组间间歇 2~3 分钟。

图 7-6　过顶砸球

7. 俯卧撑—双手双脚撑

【练习目的】提高上肢动作的力量与爆发力,有助于增强肩关节的稳定性,强化胸部、肩部和手臂的力量,提升力的产生速率。

【动作要领】俯卧,双手双脚撑地准备,手位于肩部正下方,肘关节伸直但不要锁死。通过屈肘,降低胸部贴近地面,尽可能用最大力量快速推起自己的身体离开地面;手做好落地缓冲的准备,屈肘支撑身体的重量,当身体即将贴近地面时,再次迅速地推起,重复规定次数。如图 7-7 所示。注意:在完成动作过程中,双手同时发力推起身体,收紧腹部和臀部,身体呈一条直线;落地时,手臂通过屈肘缓冲,臀部不要抬起,保持躯干稳定性,动作完成连贯。

【训练安排】每组 8~10 次,练习 3~4 组,组间间歇 2~3 分钟。

图 7-7　俯卧撑—双手双脚撑

二、下肢快速伸缩复合练习

1. 双脚跳

【练习目的】提高下肢动作的力量与爆发力,强化下肢肌肉的弹性力量,提升力的产生速率,提高身体的稳定性。

【动作要领】起跳时,通过有力地摆臂增加起跳的动力;起跳与落地时,膝关节不要内扣和超过脚尖。锻炼者在起跳过程中需注意双腿的空中姿态,为落地支撑做好准备;落地时,通过屈髋屈膝以缓冲落地时地面对身体的冲击力,保持胸部在膝关节上方,背部挺直,腹部收紧;在完成双接触动作时,应缩短脚与地面接触时间。如图 7-8 所示。

【训练安排】每组 6~8 次,练习 3~4 组,组间间歇 2~3 分钟。

图 7-8 双脚跳

2. 双脚跳—纵向

【练习目的】提高下肢动作的力量与纵向爆发力,强化下肢肌肉的弹性力量,提升力的产生速率,提高身体的稳定性。

【动作要领】起跳前,双脚呈运动姿站立,面向跳箱,双臂微屈于髋部两侧,双脚站距与肩同宽,背部挺直,腹部收紧。双臂快速向上摆起,以手臂带动身体快速伸髋伸膝,双脚蹬离地面,向前跳上跳箱。跳上跳箱时,屈髋屈膝落地缓冲的同时双臂下摆至髋部两侧,呈双脚运动姿站立,保持 1~2 秒。如图 7-9 所示。

【训练安排】每组 6~8 次,练习 3~4 组,组间间歇 2~3 分钟。

图 7-9 双脚跳—纵向

3. 双脚跳—横向

【练习目的】提高下肢动作的力量与横向爆发力,强化下肢肌肉的弹性力量,提升力的产生速率,提高身体的稳定性。

【动作要领】起跳前,双脚呈运动姿站于栏架一侧,双臂微屈于髋部两侧,双脚站距与肩同宽,背部挺直,腹部收紧。起跳时,双臂快速向上摆起,以手臂带动身体快速伸髋伸膝,双脚蹬离地面,从栏架上方跳过。落地时,屈髋屈膝落地缓冲的同时双臂下摆至髋部两侧,呈双脚运动姿站立,保持1～2秒。如图7-10所示。

【训练安排】每组6～8次,练习3～4组,组间间歇2～3分钟。

图7-10 双脚跳—横向

4. 无反向式-跳箱-双脚跳-旋转90°

【练习目的】提高下肢动作的力量与旋转爆发力,强化下肢肌肉的弹性力量,提升力的产生速率,提高核心稳定性和控制力。

【动作要领】起跳前,双脚呈运动姿站于跳箱一侧,双臂微屈于髋部两侧,双脚站距与肩同宽,背部平直,腹部收紧。起跳时,双臂向上快速摆起,以手臂带动身体快速伸髋伸膝,双脚蹬离地面,身体逆时针旋转90°,跳上跳箱。跳上跳箱时,屈髋屈膝落地缓冲的同时双臂下摆至髋部两侧,呈双脚运动姿站立,保持1～2秒。如图7-11所示。

【训练安排】每组6～8次,练习3～4组,组间间歇2～3分钟。

图7-11 无反向式-跳箱-双脚跳-旋转90°

5. 交换跳—纵向

【练习目的】提高下肢动作的力量与单腿爆发力,强化下肢肌肉的弹性力量,提升力的产生速率,提高单腿控制能力、核心稳定性和控制力。

【动作要领】起跳前,呈单脚运动姿站立,另一侧腿抬离地面,双臂微屈于髋部两侧,背部挺直,腹部收紧。起跳时,双臂向上快速摆起,以手臂带动身体快速伸髋伸膝,起跳脚蹬离地面,向前跳跃。落地时,另一侧脚着地。屈髋屈膝落地缓冲的同时双臂下摆至髋部两侧,呈异侧单脚运动姿站立,保持1~2秒。如图7-12所示。

【训练安排】每组6~8次,练习3~4组,组间间歇2~3分钟。

图7-12 交换跳—纵向

6．交换跳—横向

【练习目的】提高下肢动作的力量与单腿横向爆发力,强化下肢肌肉的弹性力量,提升力的产生速率,提高单腿控制能力、核心稳定性和控制力。

【动作要领】起跳前,呈单脚运动姿站立,另一侧腿抬离地面,双臂微屈于髋部两侧,背部挺直,腹部收紧。起跳时,双臂向上快速摆起,以手臂带动身体快速伸髋伸膝,起跳脚蹬离地面,向身体一侧跳跃。落地时,另一侧脚着地,屈髋屈膝落地缓冲的同时双臂下摆至髋部两侧,呈异侧单脚运动姿站立,保持1~2秒。如图7-13所示。

【训练安排】每组6~8次,练习3~4组,组间间歇2~3分钟。

图7-13 交换跳—横向

7．交换跳—旋转

【练习目的】提高下肢动作的力量与旋转爆发力,强化下肢肌肉的弹性力量,提升力的产生速率、核心稳定性和控制力。

【动作要领】起跳前,单脚呈运动姿站立,双臂微屈于髋部两侧,背部挺直,腹部收紧。起跳时,双臂向上快速摆起,以手臂带动身体快速伸髋伸膝,起跳脚蹬离地面,身体逆时针旋转90°跳跃。落地时,另一侧脚着地,屈髋屈膝落地缓冲的同时双臂下摆至髋部两侧,呈异侧单脚运动姿站立,保持1~2秒。如图7-14所示。

【训练安排】每组6~8次,练习3~4组,组间间歇2~3分钟。

图 7-14　交换跳—旋转

8．单脚跳—纵向

【练习目的】提高下肢动作的力量与单腿爆发力，强化下肢肌肉的弹性力量，提升力的产生速率，提高单腿控制能力、核心稳定性和控制力。

【动作要领】起跳前，单脚呈运动姿站立，面向跳箱，另一侧腿抬离地面，双臂微屈于髋部两侧，背部挺直，腹部收紧。起跳时，双臂向上快速摆起，以手臂带动身体快速伸髋伸膝，起跳脚蹬离地面，向前跳上跳箱。跳上跳箱时，起跳脚着地，屈髋屈膝落地缓冲的同时双臂下摆至髋部两侧，呈同侧单脚运动姿站立，保持 1~2 秒。如图 7-15 所示。

【训练安排】每组 6~8 次，练习 3~4 组，组间间歇 2~3 分钟。

图 7-15　单脚跳—纵向

9．单脚跳—横向

【练习目的】提高下肢动作的力量与单腿侧向爆发力，强化下肢肌肉的弹性力量，提升力的产生速率，提高单腿控制能力、核心稳定性和控制力。

【动作要领】起跳前，单脚呈运动姿站立，双臂微屈于髋部两侧，背部挺直，腹部收紧。起跳时，双臂向上快速摆起，带动身体快速伸髋伸膝，起跳脚蹬离地面，侧向跳上跳箱。屈髋屈膝落地，缓冲的同时双臂下摆至髋部两侧，呈同侧单脚运动姿站立，保持 1~2 秒。走下跳箱，换对侧腿练习。如图 7-16 所示。

【训练安排】每组 6~8 次，练习 3~4 组，组间间歇 2~3 分钟。

图 7-16　单脚跳—横向

10. 单脚跳—旋转

【练习目的】提高下肢动作的力量与旋转爆发力,强化下肢肌肉的弹性力量,提升力的产生速率,提高单腿控制能力、核心稳定性和控制力。

【动作要领】起跳前,单脚呈运动姿站立,双臂微屈于髋部两侧,背部挺直,腹部收紧。起跳时,双臂向上快速摆起,以手臂带动身体快速伸髋伸膝,起跳脚蹬离地面,身体顺时针旋转90°跳跃。落地时,起跳脚着地,屈髋屈膝落地缓冲的同时双臂下摆至髋部两侧,呈同侧单脚运动姿站立,保持1~2秒。恢复站立姿势,换对侧腿练习。如图7-17所示。

【训练安排】每组6~8次,练习3~4组,组间间歇2~3分钟。

图 7-17　单脚跳—旋转

三、躯干快速伸缩复合练习

1. 药球—快速伸缩复合练习—仰卧起坐

【练习目的】提高躯干动作模式的力量与爆发力,有助于强化腹部力量以及发展核心力量。

【动作要领】呈仰卧起坐姿准备,双脚平行开立,脚后跟着地,双腿屈膝,臀部坐于地上,收紧腹部,背部保持平直,双手屈肘做好接药球的准备,面向同伴,同伴双手持药球站于练习者对面。同伴将药球掷向练习者伸出的手,练习者躯干后仰,屈腹缓冲,双手抓住药球,接球时躯干与地面约呈45°;当练习者躯干后仰,背部靠近地面时,药球拉至胸前,尽可能用最大力量屈髋收腹将药球推还给同伴;同伴抓住药球,回到起始姿势,重复规定次数。如图7-18

所示。注意：练习者通过腹部发力，带动肩部、手臂将药球推出；保持躯干稳定性，动作完成连贯。

【训练安排】每组 6～8 次，练习 3～4 组，组间间歇 2～3 分钟。

图 7-18　药球—快速伸缩复合练习—仰卧起坐

2. 药球—快速伸缩复合练习—俄罗斯旋转

【练习目的】提高旋转躯干动作的力量与爆发力，有助于强化腹部力量以及发展核心力量。

【动作要领】呈仰卧起坐姿准备，双脚抬离地面，双腿屈髋屈膝，臀部坐到地上，收紧腹部，背部保持平直，双手屈肘做好接药球的准备，躯干向同伴方向微微旋转，目视同伴手持的药球，同伴双手持药球站于练习者侧面。同伴将药球掷向练习者，练习者双手抓住药球的同时，躯干顺势向身体的另一侧旋转，将药球拉至另一侧腰部；当动作达到最大幅度时，练习者迅速且尽力地旋转躯干将药球推还给同伴；同伴抓住药球，回到起始姿势，重复规定的次数。如图 7-19 所示。注意：练习者通过腹部两侧发力，带动肩部、手臂将药球抛出；保持躯干稳定性，动作完成连贯。

【训练安排】每组 6～8 次，练习 3～4 组，组间间歇 2～3 分钟。

图 7-19　药球—快速伸缩复合练习—俄罗斯旋转

第八章　躯干支柱力量

躯干支柱是动量传递的枢纽,良好的躯干稳定性不仅能够提高锻炼者对动作和身体的控制能力,还能降低运动损伤的风险。躯干支柱力量训练是身体功能训练的核心内容,躯干支柱力量是由肩部、躯干、髋部整合协调发力,强调在保持身体姿态的状态下合理协调发力,进而有利于动力的传输,其突出特征是锻炼者在完成动作时能够表现出身体稳定、无代偿动作、无能量泄露的状态。

第一节　躯干支柱力量训练

按照身体活动状态划分,躯干稳定性可以分为动态稳定性和静态稳定性两类;按照身体部位划分,躯干稳定性可以分为肩部稳定性、躯干支柱稳定性和髋部稳定性。因此,躯干支柱力量根据部位可分为肩部训练、躯干支柱训练和髋部训练;根据不同的身体姿态,可分为卧姿动作、跪姿动作、立姿动作等。

根据对身体稳定性要求的高低,每个动作模式有不同的难易度,如基础难度的四点支撑、中等难度的两点支撑(双脚站立支撑)和高难度的一点支撑(单脚站立支撑)等。最后,在动作模式训练的基础上可以选择不同的练习器材,如瑞士球、弹力带、迷你训练带等,以增加练习难度。

躯干稳定性训练基本动作模式如表 8-1 所示。

表 8-1　躯干稳定性训练基本动作模式

动作模式	卧姿	跪姿	站姿
全支撑	俯、仰、侧	—	—
四点支撑	—	俯、仰	—
三点支撑	—	俯、仰、侧	—
两点支撑	俯、仰、侧	俯	直立
一点支撑	—	—	直立

一、躯干支柱训练的设计

躯干支柱训练的目的之一是通过提高躯干稳定性,为运动提供良好的身体姿势,从而提高全身能量传递效率。躯干支柱训练可遵循的原理为:通过肩部力量练习,发展肩部肌群,从而有效预防肩部运动损伤;通过脊柱力量练习,增强躯干整体的稳定性,建立良好的身体姿态;通过髋部力量练习激活骨盆周围肌肉,增加骨盆稳定性。

完整的躯干支柱力量训练通常包含三个部分:肩部力量训练、脊柱力量训练和髋部力量训练。在训练实践中,可根据训练需要有针对性地选择训练内容,也可根据训练模块中动作模式不同的难度等级,循序渐进地设计训练内容。

二、肩部训练内容示例

动作功能:通过不同姿势、不同器材动作练习,激活肩胛骨周围肌群,提高肩部稳定性,预防肩部运动损伤。

负荷设定:根据个人能力,每组 10～15 次。涉及对称性动作,左右侧分别进行。完成 3～4 组,组间间隔 30 秒～1 分钟。

1. 肩袖—I 字练习

【练习目的】激活肩带及上背部肌群。

【动作要领】俯卧于垫上(如图 8-1 所示)或基础蹲姿(如图 8-2 所示)、俯卧于瑞士球上(如图 8-3 所示),拇指向上,肩胛骨收紧,双臂伸直贴近耳侧上举至最高点与躯干形成 I 字,保持 3～5 秒。注意保持腹部收紧,双侧肩胛骨向内向下收紧。如图 8-1 所示。

【训练安排】完成 2～3 组,每组 10～15 次,组间间歇 30 秒。

图 8-1 肩袖—I 字练习(俯卧于垫上)

图 8-2 肩袖—I 字练习(基础蹲姿)

图 8-3　肩袖—I 字练习（俯卧于瑞士球上）

2. 肩袖—Y 字练习

【练习目的】激活肩带及上背部肌群。

【动作要领】俯卧于垫上（如图 8-4 所示）或基础蹲姿（如图 8-5 所示）、俯卧于瑞士球上（如图 8-6 所示），拇指向上，肩胛骨收紧后双臂外展上举至最高点与躯干形成 Y 字，保持 3～5 秒。注意保持腹部收紧，双侧肩胛骨向内向下收紧。

【训练安排】完成 2～3 组，每组 10～15 次，组间间歇 30 秒。

图 8-4　肩袖—Y 字练习（俯卧于垫上）

图 8-5　肩袖—Y 字练习（基础蹲姿）

图 8-6　肩袖—Y 字练习（俯卧于瑞士球上）

3. 肩袖—T 字练习

【练习目的】激活肩带及上背部肌群。

【动作要领】俯卧于垫上(如图 8-7 所示)或基础蹲姿(如图 8-8 所示)、俯卧于瑞士球上(如图 8-9 所示),拇指向上,肩胛骨收紧后双臂外展上举至最高点与躯干形成 T 字,保持 3～5 秒。注意保持腹部收紧,双侧肩胛骨向内向下收紧。

【训练安排】完成 2～3 组,每组 10～15 次,组间间歇 30 秒。

图 8-7 肩袖—T 字练习(俯卧于垫上)

图 8-8 肩袖—T 字练习(基础蹲姿)

图 8-9 肩袖—T 字练习(俯卧于瑞士球上)

4. 肩袖—W 字练习

【练习目的】激活肩带及上背部肌群。

【动作要领】基础蹲姿(如图 8-10 所示)、俯卧于瑞士球上(如图 8-11 所示),拇指向上,肩胛骨收紧后双臂并外展上举至最高点与躯干形成 W 字,保持 3～5 秒。注意保持腹部收紧,双侧肩胛骨向内向下收紧。

【训练安排】完成 2～3 组,每组 10～15 次,组间间歇 30 秒。

图 8-10　肩袖—W 字练习(基础蹲姿)

图 8-11　肩袖—W 字练习(俯卧于瑞士球上)

5. 肩袖—L 字练习

【练习目的】激活肩部及下背部肌群。

【动作要领】运动基本姿势站立,挺胸抬头,背部挺直,双手拇指向上放于身体两侧;双侧肩胛骨向下向内收紧,肘部上抬至屈肘 90°,然后前臂向上抬起形成 L 字,保持 3～5 秒。如图 8-12 所示。注意保持背部平直,腹部收紧,肩胛骨收紧后抬起手臂且保持屈肘 90°。

【训练安排】完成 2～3 组,每组 10～15 次,组间间歇 30 秒。

图 8-12　肩袖—L 字练习

三、脊柱训练内容示例

跪撑及其变形形式

【练习目的】激活躯干肌群。

【动作要领】呈双手双膝跪姿,双臂伸直,双手推起,使胸部尽量远离地面;身体下降,回到起始姿势。注意保持腹部收紧,下颌收紧。如图 8-13 所示。

【训练安排】完成 3~4 组,每组 10~15 次,组间间歇 30 秒。

图 8-13 跪撑—肩胛骨推

跪撑其他变形形式如图 8-14、图 8-15、图 8-16 所示。

图 8-14 跪撑—单手举

图 8-15 跪撑—单腿伸

图 8-16 跪撑—单手单腿伸

四、躯干支柱稳定性训练内容示例

支撑类动作可分为稳定性支撑和非稳定性支撑,分别是指锻炼者在练习时直接作用于稳定的平面上和非稳定的平面上。具体练习又分为静态动作和动态动作,难度由稳定性支撑静态动作→稳定性支撑动态动作→非稳定性支撑静态动作→非稳定性支撑动态动作逐级递增。支撑类练习可以有效地激活核心支柱深层肌肉,能够有效提高躯干稳定性和躯干力量。

(一)平板支撑及其变形形式

1. 直臂平板支撑

【练习目的】激活躯干肌群。

【动作要领】呈直臂俯卧撑姿势,腹部收紧,降低身体到触地高度;双手推起,保持腹部收紧,尽可能使躯干远离地面。注意保持头部、躯干、踝关节呈一条直线。如图 8-17 所示。

【训练安排】完成 2~3 组,每组 30~60 秒,组间间歇 30 秒。

图 8-17　直臂平板支撑

支臂平板支撑其他变形形式如图 8-18、图 8-19、图 8-20、图 8-21 所示。

图 8-18　直臂平板支撑—单腿伸

图 8-19　直臂平板支撑—单手伸

图 8-20　直臂平板支撑—单手单脚伸

图 8-21　瑞士球直臂斜支撑

2. 屈臂平板支撑

【练习目的】激活躯干肌群。

【动作要领】呈俯卧姿势，双肘屈肘 90°支撑于肩部正下方；双肘用力推起，呈双肘双脚支撑姿势。注意保持腹部收紧，躯干平直。如图 8-22 所示。

【训练安排】完成 1～2 组，每组 30～60 秒，组间间歇 30～60 秒。

图 8-22　屈臂平板支撑

屈臂平板支撑其他变形形式如图 8-23、图 8-24、图 8-25、图 8-26 所示。

图 8-23　屈臂平板支撑—单腿伸

图 8-24　屈臂平板支撑—单手伸

图 8-25　屈臂平板支撑—对侧手脚伸

图 8-26　瑞士球直臂斜支撑

（二）动态支撑及其变形形式

【练习目的】锻炼躯干支柱和肩背部力量，提高躯干的稳定控制能力。

【动作要领】以双手（或双肘）和双脚撑于地面上，双脚略分开，脚尖着地，身体呈俯桥姿势，双臂和双脚有节奏性地交替向前上方或侧方或伸展并稍做停顿。练习时，锻炼者保持头、背、臀、腿、脚跟处于同一平面，臀肌、腹肌收紧，躯干保持稳定，身体不要产生倾斜。如图 8-27 所示。

【训练安排】一般练习 3 组，每组可根据自身能力选择 20 秒、30 秒、40 秒，组间间歇 60～90 秒。练习负荷根据练习者的训练水平及训练阶段，变化练习动作。

图 8-27　双臂交替支撑

动态支撑其他变形形式如图 8-28～图 8-42 所示。

图 8-28　双脚交替支撑

图 8-29　双脚交替支撑屈膝外展

图 8-30　手脚交替支撑

图 8-31　动态支撑进阶形式

图 8-32　负重动态支撑

图 8-33　下肢不稳定动态支撑

图 8-34　下肢不稳定负重支撑

图 8-35　上肢不稳定支撑—单腿伸

图 8-36　上肢不稳定支撑—单腿伸

图 8-37　上肢不稳定支撑—单腿伸

图 8-38　上肢不稳定支撑—单腿伸

图 8-39　上肢不稳定支撑—单手伸

图 8-40　下肢不稳定支撑—单手伸　　　　图 8-41　上下肢不稳定负重支撑

图 8-42　下肢不稳定屈腿支撑

(三) 侧支撑及其变形形式

1. 屈膝侧支撑

【练习目的】激活肩部、躯干及臀部肌群。

【动作要领】侧卧于地上,右手放于肩关节下方;躯干呈直线,右手推起髋部离地,手膝撑起身体体重;保持躯干竖直、腹部收紧。如图 8-43 所示。

【训练安排】完成 1～2 组,每侧 15～30 秒,组间间歇 30 秒。

图 8-43　屈膝侧支撑　　　　　　　　图 8-44　分腿侧平板撑

图 8-45 屈臂分腿侧支撑

图 8-46 屈臂并腿侧支撑

图 8-47 负重屈臂并腿侧支撑

图 8-48 上肢不稳定屈臂分腿侧

图 8-49 上肢不稳定屈单侧腿侧支撑

五、髋部训练内容示例

1. 臀肌桥—单腿/双腿/迷你带

【练习目的】激活臀大肌、腘绳肌、下背部肌群。

【动作要领】仰卧于垫子上，双手放于身体两侧，屈膝勾脚，臀部收缩抬起髋部，直至肩、躯干、髋、膝在一条直线上；保持3～5秒回到起始姿势。如图8-50所示。

【训练安排】完成1～2组，每组10～12次，组间间歇30秒。

第八章 躯干支柱力量

图 8-50 臀肌桥—双腿

图 8-51 臀肌桥—单腿

图 8-52 臀肌桥—军工步

图 8-53 臀肌桥—迷你带

图 8-54 臀肌桥—单腿迷你带

图 8-55 肩部不稳定臀桥

2. 腹肌轮练习

【练习目的】锻炼腹部、手臂力量。

【动作要领】双手握紧腹肌轮两侧,上体缓慢推进向前。采用双膝跪于垫上或站立等动作区分难度。如图 8-56、8-57 所示。

【训练安排】每次动作 5 秒完成。每组 5~10 次,练习 3 组,组间间歇 1 分钟。

图 8-56　跪姿腹肌轮练习

图 8-57　站立腹肌轮练习

3. 悬垂提拉

【练习目的】主要锻炼屈髋肌群、腹部肌群力量。

【动作要领】双手正握器械,身体自然下垂,屈髋肌群主动发力向上提拉大腿至与地面平行;大小腿夹角为 90 度,然后回到初始姿势。如图 8-58 所示。

【训练安排】完成 3~6 组,每组 10~15 次,组间间歇 1 分钟。

图 8-58　悬垂提拉

4. 多方向悬垂提拉

【练习目的】主要锻炼屈髋肌群、腹部肌群力量。

【动作要领】双手正握器械,身体自然下垂,屈髋肌群主动发力向斜方向提拉大腿至与地面平行;大小腿夹角为 90°,然后回到初始姿势。如图 8-59 所示。

【训练安排】每组 10~15 次,练习 3~6 组,组间间歇 1 分钟。

图 8-59　多方向悬垂提拉

第二节　旋转爆发力训练

旋转爆发力训练是指在保持腰椎和腰骶关节面稳定的前提下,预先拉长目标肌肉群(离心收缩),再做快速的肌肉收缩(向心收缩),通过髋关节和胸椎的旋转快速发挥肌肉力量的能力。旋转爆发力训练的目的是提高躯干支柱部位的爆发力,原理是利用肌肉弹性、肌丝和腱器官的牵张反射作用,将储存在肌肉中的弹性势能释放并产生更大的力量和工作效率。

针对大学生锻炼的实际需求,一般采用实心球从坐姿、跪姿、弓箭步和站姿进行旋转爆发力的训练,提高练习者对身体重心的控制能力,发展动态稳定性和平衡性,同时也可以提高运动速度,减少受伤风险。

1. 站姿斜抛实心球

【练习目的】提高胸椎灵活性以及髋、膝、踝三个关节的稳定性。

【动作要领】身体侧对投掷墙,距墙约 1 米,两脚分开略比肩宽,双手握住实球,将实心球摆至身体右侧,躯干呈扭紧姿势;以右侧臀部肌肉发力为主,下肢快速蹬地、转髋、伸髋,双手借助身体转动的惯性顺势把球抛向墙面,球回弹后双手接球,利用球的反弹力将身体扭紧;还原呈起始姿势,重复上述动作。如图 8-60 所示。

【训练安排】每侧完成 3~4 组,每组 10~15 次,组间间歇 30 秒至 1 分钟。

图 8-60　站姿斜抛实心球

2. 瑞士球坐姿斜抛实心球

【练习目的】提高躯干爆发力。

【动作要领】身体侧对投掷墙,距墙约1米,坐在瑞士球上,双手握住实心球,将实心球摆至身体右侧,躯干呈扭紧姿势;以躯干发力为主,双手借助身体转动的惯性顺势把球抛向墙面,球回弹后双手接球,利用球的反弹力将身体扭紧;还原呈起始姿势,重复上述动作。如图 8-61 所示。

【训练安排】每侧完成 3～4 组,每组 10～15 次,组间间歇 30 秒至 1 分钟。

图 8-61　瑞士球坐姿斜抛实心球

3. 单腿半跪姿斜抛实心球(异侧)

【练习目的】提高下肢和躯干爆发力。

【动作要领】身体侧对投掷墙,距墙约1米,两腿前后分开呈单腿跪立姿势(左腿在前),两腿的膝关节均呈 90°,双手握住实心球,身体向后支撑腿方向扭转,将实心球摆至髋关节外侧,躯干扭紧;以躯干发力为主,双手借助身体转动的惯性顺势把球抛向墙面,球回弹后双手接球,利用球的反弹力将身体扭紧;还原呈起始姿势,重复上述动作。如图 8-62 所示。

【训练安排】每侧进行 3～4 组,每组 10～15 次,组间间歇 30 秒至 1 分钟。

图 8-62　单腿半跪姿斜抛实心球（异侧）

4. 弓箭步斜抛实心球（异侧）

【练习目的】提高下肢和躯干爆发力。

【动作要领】身体侧对投掷墙，距墙约 1 米，两腿前后分开呈半弓箭步姿势（左腿在前），前支撑腿的膝关节约呈 90°，后支撑腿的小腿与地面接近平行，双手握住实心球，身体向右扭转，将实心球摆至髋关节外侧，躯干扭紧；以躯干发力为主，在保持身体稳定的前提下，双手借助身体转动的惯性顺势把球抛向墙面，球回弹后双手接球，利用球的反弹力将身体扭紧；还原呈起始姿势，重复上述动作。如图 8-63 所示。

【训练安排】每侧完成 3～4 组，每组 10～15 次，组间间歇 30 秒至 1 分钟。

图 8-63　弓箭步斜抛实心球（异侧）

5. 平衡盘弓箭步侧抛实心球（异侧）

【练习目的】提高下肢和躯干爆发力，提高身体稳定性。

【动作要领】身体侧对投掷墙，距墙约 1 米，双手握住实心球，呈半弓箭步站立（左腿在前），左脚踩在平衡盘上，左膝关节呈 90°，右小腿与地面接近平行，身体向右扭转，将球摆至身体右侧，躯干扭紧；以躯干发力为主，在保持身体稳定的前提下，双手借助身体转动的惯性顺势把球抛向墙面，球回弹后双手接球，利用球的反弹力将身体扭紧；还原呈起始姿势，重复上述动作。如图 8-64 所示。

【训练安排】每侧进行 3～4 组，每组 10～15 次，组间间歇 30 秒至 1 分钟。

图 8-64 平衡盘弓箭步侧抛实心球（异侧）

6. 平衡盘站姿侧抛实心球

【练习目的】提高下肢和躯干爆发力，提高身体稳定性。

【动作要领】身体侧对投掷墙，距墙约 1 米，双手握住实心球，双脚站在平衡盘上，旋转躯干并将球摆至身体右侧，躯干扭紧；以右侧臀部肌肉发力为主，下肢快速蹬地、转髋、伸髋，在保持身体稳定的前提下，双手借助身体转动的惯性顺势把球抛向墙面，球回弹后双手接球，利用球的反弹力将身体扭紧；还原呈起始姿势，重复上述动作。如图 8-65 所示。

【训练安排】每侧完成 3～4 组，每组 10～15 次，组间间歇 30 秒至 1 分钟。

图 8-65 平衡盘站姿侧抛实心球

第九章 动作技能

传统的运动训练将速度与灵敏度按独立的运动素质进行区分与认识,我们通常认为速度仅是指获得高速度的能力,而灵敏度则是完成急停、变向和再加速的能力。动作技能则合理地将传统意义上的速度、灵敏度及速度耐力等方面有机整合,力图用整合的理念描述动作。

在任何的运动项目中,动作的精确性与熟练性是锻炼者提高运动能力的基本目标,动作技能主要针对动作效率和功率的发展,不仅包括纵向动作的质量,还包括横向动作和多方向动作的质量及持久性。

简而概之,动作技能要求人体在运动过程中具有有效控制身体重心的变化并快速、正确地完成各种动作的能力,并且强调人体运动加速-减速的耦合能力,强调离心-向心的耦合能力,强调正确、合理动作的保持能力等。

第一节 动作技能训练的分类

动作技能训练按照方向划分,可分为纵向(向前)、纵向(向后)、横向(左右)和多方向(旋转)四种类型,其中以田径短跑技术为代表的纵向(向前)的动作技能训练最为普遍,包含绝对速度、加速与减速三部分;而纵向(向后)、横向(左右)和多方向(旋转)的动作技能在球类项目中使用频繁,纵向(向后)动作技能包含后退步与减速两部分,横向(左右)动作技能包含滑步与切步两部分,多方向(旋转)动作技能包含交叉步、开放步与后撤步三部分。如图 9-1 所示。

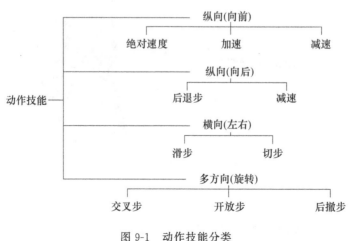

图 9-1 动作技能分类

第二节 直线速度练习方法

一、直线速度练习

（一）加速—墙壁技巧

【练习目的】提高直线加速技巧。

【动作要领】双手撑肋木，身体向前方倾斜，保持头、肩、髋、膝、踝呈一条直线；抬起右膝，脚尖方向指向墙壁；保持姿势至规定时间，对侧亦然。如图 9-2 所示。

【训练安排】左右腿分别练习 6~8 次，共 4~5 组，组间间歇 1 分钟。

图 9-2 加速—肋木技巧

【进阶练习】姿势保持—阻力带。

【动作要领】于髋关节位置系上腰带，阻力带在身体的正后方；在动作过程中，锻炼者需对抗施加在髋部的阻力，并维持身体的稳定与平衡。如图 9-3 所示。

【训练安排】左右腿分别练习 6~8 次，共 4~5 组，组间间歇 1 分钟。

图 9-3 阻力带加速—肋木技巧

（二）蹬摆

【练习目的】锻炼直线加速摆动腿的上提与下压能力。

【动作要领】双手撑肋木,身体向前方倾斜,保持头、肩、髋、膝、踝呈一条直线;右腿抬离地面,左脚跟离开地面,脚尖方向指向肋木,保持这一姿势;左脚跟着地,屈左腿膝关节,髋关节向下坐;抬起身体至起始姿势并保持。如图9-4所示。

【训练安排】左右腿分别练习6～8次,共4～5组,组间间歇1分钟。

图9-4 蹬摆

【进阶练习】蹬摆—阻力带。

【动作要领】于髋关节位置系上腰带,阻力带在身体的正后方;在动作过程中,锻炼者需对抗施加在髋部的阻力,并维持身体的稳定与平衡。如图9-5所示。

【训练安排】左右腿分别练习6～8次,共4～5组,组间间歇1分钟。

图9-5 蹬摆—阻力带

(三) 扶肋木军步走

【练习目的】锻炼直线加速时的送髋能力。

【动作要领】直立姿站立,面向肋木。双手撑墙,身体向前方倾斜,保持头、肩、髋、膝、踝呈一条直线;左腿抬离地面,脚尖方向指向肋木;左腿下落至起始位置后,右腿抬离地面。如图9-6所示。

【训练安排】左右腿分别练习6～8次,共4～5组,组间间歇1分钟。

图9-6 扶肋木军步走

【进阶练习】扶肋木军步走—阻力带。

【动作要领】髋关节位置系上腰带,阻力带在身体的正后方;在动作过程中,锻炼者需对抗施加在髋部的阻力,并维持身体的稳定与平衡。如图9-7所示。

【训练安排】左右腿分别练习6~8次,共4~5组,组间间歇1分钟。

图9-7 扶肋木军步走—阻力带

二、加速—抗阻技巧

(一)军步走—阻力带

【练习目的】锻炼直线加速技巧和脚步速度。

【动作要领】直立姿站立,髋关节位置系上腰带,阻力带在身体的正后方。左腿抬离地面,右臂上摆;左腿快速下蹬落地,右腿抬离地面,左臂向前方上摆;两腿交替向前移动。如图9-8所示。

【训练安排】左右腿分别练习6~8次,共4~5组,组间间歇1分钟。

图9-8 军步走—阻力带

(二)跨步跑—阻力带

【练习目的】锻炼直线加速技巧、后蹬和下压能力。

【动作要领】直立姿站立,髋关节位置系上腰带,阻力带在身体的正后方。左腿抬离地面的同时,右臂向前方上摆;左腿快速向后下方蹬地;两腿快速地交替向前移动。如图9-9所示。

【训练安排】左右腿分别练习6~8次,共4~5组,组间间歇1分钟。

图 9-9 跨步跑—阻力带

(三) 加速跑—阻力带

【练习目的】锻炼直线加速能力。

【动作要领】左腿抬离地面的同时,右臂向前方上摆;左腿快速向后下方蹬地,右腿抬离地面,同时左臂向前方上摆;两腿快速地交替向前移动。如图 9-10 所示。

【训练安排】跑动距离控制在 30 米左右。

图 9-10 加速跑—阻力带

三、加速—起跑技巧

(一) 前倾起跑

【练习目的】锻炼直线加速时身体的平衡能力。

【动作要领】保持标准的身体姿势,背部挺直,腹部和臀部收紧;身体挺直逐渐向前下方倾斜,直至感觉即将无法完成起跑动作时,快速地抬起左腿前摆,右腿向后下方蹬伸,双臂充分向相反方向摆动。如图 9-11 所示。

【训练安排】跑动距离控制在 30 米左右。

图 9-11 前倾起跑

（二）两步起跑

【练习目的】掌握直线加速的起跑技巧。

【动作要领】保持标准的身体姿势，背部挺直，腹部和臀部收紧；身体挺直逐渐向前下方倾斜，感觉无法完成起跑时，快速抬左腿前摆，右腿蹬伸；左腿前脚掌着地并迅速过渡到有力地后蹬，快速抬起右腿，身体前倾角度逐渐变小。如图 9-12 所示。

【训练安排】跑动距离控制在 30 米左右。

图 9-12　两步起跑

（三）分腿姿起跑

【练习目的】掌握直线加速的起跑技巧。

【动作要领】左腿向后下方有力地蹬伸并向前加速，右腿抬离地面加速前摆，双臂充分向相反方向摆动。如图 9-13 所示。

【训练安排】跑动距离控制在 30 米左右。

图 9-13　分腿姿起跑

（四）高位姿俯手撑起跑

【练习目的】掌握直线加速的起跑技巧。

【动作要领】俯卧撑姿势，双臂伸直。左腿前伸，快速抬起右腿前摆，左腿向后下方蹬伸，双臂充分向相反方向摆动。通过有力的摆臂和髋关节的蹬伸产生力，控制住腰部，保持躯干稳定。如图 9-14 所示。

【训练安排】跑动距离控制在 30 米左右。

图 9-14　高位姿俯手撑起跑

四、绝对速度

（一）站立抬腿

【练习目的】加强绝对速度的送髋练习。

【动作要领】直立姿站立，身体左侧靠向横杆；左手撑杆，抬起左侧大腿与地面平行，保持头、肩、髋、膝、踝呈一条直线；右腿后脚跟离开地面，脚尖方向指向身体前方，保持这一姿势。如图 9-15 所示。

【训练安排】左右腿分别练习 6～8 次，共 4～5 组，组间间歇 1 分钟。

图 9-15　站立抬腿

【进阶练习】姿势保持—阻力带。

【动作要领】于髋关节位置系上腰带，阻力带在身体的正后方；对抗施加在髋部的阻力，维持身体的稳定与平衡。如图 9-16 所示。

【训练安排】左右腿分别练习 6～8 次，共 4～5 组，组间间歇 1 分钟。

图 9-16　姿势保持—阻力带

（二）蹬摆

【练习目的】锻炼摆动腿的送髋和下压能力。

【动作要领】左手撑横杆，保持头、肩、髋、膝、踝呈一条直线；左腿抬离地面，右腿后脚跟离开地面。脚尖方向指向身体前方；右腿后脚跟着地，屈右腿膝关节，髋关节向下坐；抬起身体至起始姿势。如图9-17所示。

【训练安排】左右腿分别练习6~8次，共4~5组，组间间歇1分钟。

图9-17　蹬摆

五、绝对速度—跑步技巧

（一）踏步跑（踝）

【练习目的】提升跑步过程中踝关节的灵活性。

【动作要领】向身体前方慢跑，每一步间距不宜过大，始终用同一侧脚抬升，抬升高度超过对侧腿的踝关节；抬起的腿完成一个圆周动作，另一侧腿保持伸直且不提供向前的动力；始终保持标准的身体姿势，在跑动动作中，肘关节向后有力地摆动。如图9-18所示。

【训练安排】跑动距离控制在10~15米左右。

图9-18　踏步跑（踝）

（二）踏步跑（膝）

【练习目的】提升跑步过程中的送髋能力。

【动作要领】向身体前方跑，每一步间距不宜过大，每个脚抬升的高度超过对侧腿的膝关节，完成规定距离。如图9-19所示。

【训练安排】跑动距离控制在 10～15 米左右。

图 9-19　踏步跑（膝）

六、横向—切步

（一）横向—切步—姿势保持

【练习目的】提升横向移动能力。

【动作要领】左手撑杆,右臂在身体前方,身体向横杆侧倾,抬起左侧大腿与地面平行,保持头、肩、髋、膝、踝呈一条直线；右腿后脚跟离开地面,脚尖方向指向身体前方。如图 9-20 所示。

【训练安排】单侧练习 6～8 次,对侧亦然,共 4～5 组。

图 9-20　横向—切步—姿势保持

（二）横向—切步—蹬摆

【练习目的】提升横向移动能力。

【动作要领】左手撑杆,右臂在身体前方,身体向横杆侧倾,抬起左侧大腿与地面平行,保持头、肩、髋、膝、踝呈一条直线；左腿抬离地面,右脚跟离开地面,脚尖方向指向身体前方；右脚跟着地,屈右腿膝关节,髋关节向下坐,同时右手向后摆动；抬起身体至起始姿势并保持,重复规定次数,对侧亦然。如图 9-21 所示。

【训练安排】单侧练习 6～8 次,对侧亦然,共 4～5 组。

图 9-21　横向—切步—蹬摆

第三节　多方向移动练习方法

(一) 交叉步—姿势保持

【练习目的】提升多方向移动能力。

【动作要领】左手撑杆,右臂在身体后方,身体向横杆侧倾,抬起右侧大腿与地面平行,并向横杆方向倾斜,穿过身体中线;左腿后脚跟离开地面,脚尖方向指向身体前方。如图 9-22 所示。

【训练安排】单侧练习 6~8 次,对侧亦然,共 4~5 组。

图 9-22　交叉步—姿势保持

(二) 交叉步—蹬摆

【练习目的】提升多方向移动能力。

【动作要领】左手撑杆,右臂在身体后方,身体向横杆侧倾,抬起右侧大腿与地面平行,并向横杆方向倾斜,穿过身体中线;右腿抬离地面,左脚跟离开地面,脚尖方向指向身体前方;左脚跟着地,屈左腿膝关节,髋关节向下坐,同时右手向前摆动。如图 9-23 所示。

【训练安排】单侧练习 6~8 次,对侧亦然,共 4~5 组。

图 9-23 交叉步—蹬摆

（三）立姿交叉步

【练习目的】提升多方向移动能力。

【动作要领】抬起右腿向身体左侧方向移动，穿过身体中线，触碰左手。如图 9-24 所示。

【训练安排】单侧练习 6~8 次，对侧亦然，共 4~5 组。

图 9-24 立姿交叉步

第十章 恢复与再生

恢复是通过适当的身体活动和适宜的补给,帮助大学生解决锻炼和比赛所导致的疲劳问题,帮助机体恢复与再生。

第一节 肌肉的放松与软组织再生

运动后,随着身体内代谢物质的堆积,肌肉中能量物质不断消耗和流失,肌肉组织、韧带、关节等部位处于酸胀、僵硬、疼痛等不良状态。这种不良状态会影响大学生在锻炼后的生活与学习。本节主要介绍肌肉的放松手段,以促进大学生机体恢复,提高机体代谢与再生能力。

一、下肢肌肉放松

1. 小腿后群肌放松

【练习目的】放松腓肠肌及比目鱼肌。

【动作要领】双手支撑于地面上,右腿腓肠肌放在泡沫轴上,左腿跨在右腿上,通过身体的前后推动使右小腿在泡沫轴上前后移动。此方法可以放松小腿腓肠肌、比目鱼肌的筋膜,并促进小腿肌肉的血液回流。如图10-1所示。

【训练安排】每侧腿30~60秒/组,完成1~2组。

图10-1 小腿后群肌放松

2. 大腿股四头肌放松(泡沫轴)

【练习目的】放松股四头肌。

【动作要领】将泡沫轴置于双腿股四头肌下端,肘关节支撑于地面,通过肘关节屈伸推动身体,使股四头肌在泡沫轴上来回移动。此方法可以放松股四头肌筋膜,促进大腿前侧肌肉的静脉血液回流,并能够刺激腹股沟淋巴液的回流。如图10-2所示。

【训练安排】每侧腿30~60秒/组,完成1~2组。

图 10-2　大腿股四头肌放松(泡沫轴)

3. 大腿股四头肌放松(按摩棒)

【练习目的】放松股四头肌。

【动作要领】右腿屈膝跪地，左腿前支撑，双手持按摩棒对左腿股四头肌进行擀碾。此方法对僵硬部位肌肉起到缓解作用，同时对促进腹股沟处的淋巴液回流具有一定效果。如图 10-3 所示。

【训练安排】每侧腿 30～60 秒/组，完成 1～2 组。

图 10-3　大腿股四头肌放松(按摩棒)

4. 股后群肌放松

【练习目的】放松股后肌群。

【动作要领】双手撑地，力量集中在股二头肌上，将身体坐于泡沫轴上，来回滚动泡沫轴。此方法可以促进大腿后群肌筋膜放松和血液回流。如图 10-4 所示。

【训练安排】每侧腿 30～60 秒/组，完成 1～2 组。

图 10-4　股后群肌放松

5. 大腿外侧肌肉放松

【练习目的】放松大腿外侧肌群。

【动作要领】右肘撑地，左腿屈膝绕至右腿前侧，右腿、躯干呈一条直线。将身体重量置于右腿外侧，通过左肘与左腿的屈伸配合使泡沫轴在右腿外侧来回滚动。此方法可以促进髂胫束、臀中肌以及阔筋膜张肌的筋膜放松,还可以促进血液回流。如图10-5所示。

【训练安排】每侧腿30～60秒/组,完成1～2组。

图10-5 大腿外侧肌肉放松

6. 臀大肌放松

【练习目的】放松臀大肌。

【动作要领】左腿和双手撑地,右腿小腿放在左膝盖上方,右侧将臀部放在泡沫轴上,身体右倾,将重心放在右臀部,通过双手和左腿来回拉动使臀大肌在泡沫轴上滚动。此方法可以放松臀大肌的筋膜和促进血液回流。如图10-6所示。

【训练安排】每侧30～60秒/组,完成1～2组。

图10-6 臀大肌放松

二、躯干肌肉放松

1. 背阔肌、斜方肌、竖脊肌放松

【练习目的】放松背阔肌、斜方肌、竖脊肌。

【动作要领】身体平躺,屈腿,双手胸前交叉,上背部与泡沫轴贴靠,臀部离开地面,通过膝关节屈伸使背部来回滚动。此动作可以促进背阔肌、斜方肌、使竖脊肌的筋膜放松,静脉血液回流。如图10-7所示。

【训练安排】30～60秒/组,完成1～2组。

图10-7 背阔肌、斜方肌、竖脊肌放松

第二节 扳机点与淋巴系统按摩

大学生身体肌肉扳机点与淋巴系统的按摩是进行恢复与再生的重要内容之一。本节重点介绍脚底、下肢、臀部、上肢和躯干扳机点位置及其相应的按摩方法。另外,本节还将简单介绍身体内淋巴系统的位置及其按摩拍打方法。

一、扳机点的概念

扳机点亦称激痛点或者触发点,是肌肉组织内可被触知的高度敏感的纤维结节。扳机点的发生与肌肉疼痛密切相关。一般认为,具有自发性压痛或对运动有反应性压痛的局限性病灶称为活动性扳机点。

二、脚底、下肢扳机点位置与按摩

1. 足底方肌放松

【练习目的】放松足底方肌。

【动作要领】将网球置于足下,身体部分重心转移到踩球脚下,让球前后滚动,达到放松效果。如图10-8所示。

【训练安排】30~60秒/组,完成1~2组。

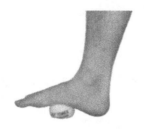

图10-8　足底方肌

2. 腓肠肌放松

【练习目的】放松腓肠肌。

【动作要领】自然坐姿屈膝,双手手指或大拇指用力按压按摩扳机点位置。如图10-9所示。注意手指用力和松弛相结合按压揉,一张一弛交替进行,用力大小以自己能承受的酸疼为宜。练习者也可以腿伸直坐或骑于垫上,将网球置于腓肠肌扳机点处,利用手臂力量来回运动挤压或者借助于深度按摩球来进行器械辅助按摩。练习者还可以进行腓肠肌拉伸辅助恢复练习:手扶支撑物,足底平放于地面成马步站立,后脚内扣,使小腿肌肉有拉伸感,后腿的膝关节一定要制动。

【训练安排】30~60秒/组,完成1~2组。

图 10-9　腓肠肌放松

3．股外侧肌放松

【练习目的】放松股外侧肌。

【动作要领】侧卧于地面,将泡沫轴(网球)放在大腿外侧肌下方,来回运动挤压按摩股外侧肌的扳机点。如图 10-10 所示。

【训练安排】30～60 秒/组,完成 1～2 组。

图 10-10　股外侧肌放松

三、臀部扳机点位置与按摩

1．臀大肌放松

【练习目的】放松臀大肌。

【动作要领】将泡沫轴置于臀大肌下方,同时保持屈膝姿势,在泡沫轴上来回滚动,对臀大肌进行挤压按摩。如图 10-11 所示。

【训练安排】30～60 秒/组,完成 1～2 组。

图 10-11　臀大肌放松

四、上肢和躯干扳机点位置与按摩

1．三角肌放松

【练习目的】放松三角肌。

【动作要领】用手指循环往复按揉挤压三角肌三个不同部位的扳机点。用手按摩特别容易引起手部疲劳,所以练习者可以斜靠在墙上并用网球在三角肌上自上面下地滚动,然后循环往复地滚过三角肌的每个扳机点。如图 10-12 所示。

【训练安排】30~60 秒/组,完成 1~2 组。

图 10-12　三角肌放松

2. 胸大肌放松

【练习目的】放松胸大肌。

【动作要领】将网球置于胸大肌处进行旋转,挤压按摩胸大肌外侧的扳机点。如图 10-13 所示。

【训练安排】30~60 秒/组,完成 1~2 组。

图 10-13　胸大肌放松

参 考 文 献

[1] 田麦久,刘大庆.运动训练学[M].北京:人民体育出版社,2012.

[2] 沈兆喆,王雄.功能性训练动作解剖图解肌肉力量训练[M].北京:人民邮电出版社,2021.

[3] 克里斯蒂安·博格.精准拉伸[M].王雄,杨斌,译.北京:人民邮电出版社,2016.

[4] 美国体能协会.体能训练设计指南[M].周志雄,译.北京:北京体育大学出版社,2015.

[5] 王卫星.高水平运动员体能训练的新方法[M].北京:体育大学出版社,2013.

[6] 尹军,袁守龙.身体运动功能训练[M].北京:高等教育出版社,2015.

[7] 沃斯特根,威廉姆斯.核心区训练——改善身体及生活的革命式训练方案[M].周龙峰,译.北京体育大学出版社,2015.

[8] 王雄,沈兆喆.身体功能训练动作手册[M].北京:人民体育出版社,2014.

[9] 戾铮,尹军.对"功能动作训练"之"功能动作筛查"的审视与思考[J].山东体育学院学报,2013,29(3):62-70.

[10] 李丹阳,胡法信,胡鑫.功能性训练:释义与应用[J].山东体育学院学报,2011,27(10):71-76.

[11] 龙春生,孙永平.运动训练学[M].北京:北京体育大学出版社,2011.

[12] 刘爱杰,李少丹.竞技体育的核心训练[J].中国体育教练员,2007,13(4):4-6.

[13] 刘爱杰,李少丹.我国运动训练方法创新的思考[J].中国体育教练员,2007,21(3):4-7.

[14] 李燕,赵焕彬.身体运动功能训练研究进展与趋势[J].哈尔滨体育学院学报,2016,34(2):10-14.

[15] 韩春远,赵晓雯,王卫星,等.运动员核心力量训练的本质[J].体育学刊,2013,20(5):112-116.